Inhalt

W0294859

Vorwort

Die Deutsche Vereinigung Morbus Bechterew e.V. (DVMB) ist die Selbsthilfeorganisation der Morbus Bechterew-Erkrankten in Deutschland. Täglich erreichen uns zahlreiche Anfragen von Betroffenen, die den Wunsch äußern, Informationsmaterial über die Erkrankung zu erhalten und dazu Antwort auf die Frage, wie die Ernährung umzustellen ist. Oftmals liegt der Grund des Glaubens, daß die Ernährung maßgeblich am Ausbruch und dem Verlauf der chronischen Erkrankung Morbus Bechterew entscheidenden Einfluß hat, in der allzeit präsenten Illustriertenlandschaft. Selbsternannte Fachzeitschriften mit angeblichen Ernährungsspezialisten postulieren Heilungserfolge mit sogenannten Rheumadiäten. Rheuma, das heißt Gicht, Arthrose, Morbus Crohn oder Morbus Bechterew, um hier nur einige von den insgesamt fast 400 verschiedenen Krankheiten zu nennen. Keine Diät kann diese Vielzahl von Erkrankungen heilen.

Was kann man aber nun mit Ernährung erreichen? Eine ausgewogene, bewußte, optisch ansprechende, schmackhafte und sorgfältig ausgewählte Ernährung wirkt der Entzündung im Körper entgegen. Nicht zu vergessen ist die psychische Komponente eines guten Essens.

Danken möchte ich den Herren Prof. Olaf Adam und Peter Mayr, denen es mit diesem Buch gelungen ist, ziemlich plakativ aufzuzeigen, wie eine gesunde Ernährung für den Morbus Bechterew-Patienten aussehen kann und soll.
Ich gratuliere Ihnen als Leser dazu, daß Sie die Krankheit Morbus Bechterew – neben anderen therapeutischen Maßnahmen – auch über die Ernährung positiv beeinflussen wollen. Ich wünsche Ihnen viel Spaß beim Nachkochen der nachfolgenden Gerichte und vor allen Dingen guten Appetit.

Ludwig Hammel
Geschäftsführer der DVMB

Einführung

Immer mehr Menschen leiden unter rheumatischen Erkrankungen, zu denen auch der Morbus Bechterew gehört. Meist wird der Ernährung nur wenig oder überhaupt keine Bedeutung beigemessen. Es ist viel zu wenig bekannt, daß die übliche Nahrungsmittelzufuhr Entzündungsprozesse - wie sie bei vielen rheumatischen Erkrankungen vorkommen - noch begünstigt. Andererseits kann eine sorgfältig ausgewählte Kost dem Entzündungsprozeß entgegenwirken. Genau das ist das Ziel dieser Rezeptsammlung. Nach einer medizinischen Einführung zum Verständnis der krankhaften Vorgänge im Körper und den Möglichkeiten, sie durch eine ausgewogene Ernährung zu bessern, gibt es eine Fülle von Rezepturen, die alle etwas anders sind als gewöhnliche Rezepte, trotzdem aber ausgezeichnet aussehen und schmecken.

In erster Linie geht es darum, entzündungsfördernde Fette tierischen Ursprungs in der Kost zu vermindern. Diese finden sich besonders in Lebensmitteln, die versteckte Fette enthalten. Deshalb werden Produkte mit für Sie bekömmlichen Fetten verwendet, die aber trotzdem überall erhältlich sind. In zweiter Linie geht es um die vermehrte Zufuhr von entzündungshemmenden Nährstoffen. Das sind bestimmte Fette, aber auch Antioxidantien und Spurenelemente. Durch entsprechende Zubereitung der Gerichte können über $^{2}/_{3}$ der schädlichen Fette eingespart werden, ohne daß Einbußen in der Vollwertigkeit der Kost, im Geschmack oder der Abwechslung bemerkbar sind. Es ändert sich einfach die Küchentechnik, d. h. es wird mehr gedünstet, gedämpft, im Backschlauch oder in Spezialgeschirr gebraten. Gebunden wird mit Kartoffelsaucen und Gemüsesaucen.

Mit der angebotenen Auswahl natürlicher Lebensmittel und mit der entsprechenden Zubereitungsmethode kann die Gesamtfettzufuhr drastisch gesenkt werden. Um die empfohlenen Nährstoffrelationen nicht zu vernachlässigen, werden schmackhafte Pflanzenöle verwendet, die jede Speise entsprechend aufwerten können. Mit diesen fettarmen Rezepten können Sie auf Fett, Rahm, Eier und fettes Fleisch verzichten und haben trotzdem Spaß am Essen. Statt Rahm werden fettreduzierte Milchprodukte verwendet, und vom Hühnerei nur das Eiweiß. Dieses kann auch problemlos durch einen Eßlöffel Sojamehl, verrührt mit 2 Eßlöffeln Wasser, ersetzt werden.

Wir haben versucht, eine möglichst breite Palette an Speisen anzubieten, damit für jeden etwas dabei ist. Die Speisen schmecken so köstlich, daß die ganze Familie das Gleiche kochen und essen kann. Viele frische Kräuter sorgen für entsprechendes Aroma, zu jedem Kapitel gibt es eine kurze Einleitung über das Wichtigste auf einen Blick. Alle Speisen sind einfach und schnell zuzubereiten. Etwas Zeit brauchen Sie dennoch dazu – vor allem aber die entsprechende Einstellung zum Essen. Durch diese vollwertige Ernährung sollen Sie sich wohler fühlen.

So können wir berechtigt hoffen, daß es Ihnen mit diesem Buch besser gehen wird, wenn Sie Ihre kulinarischen Freuden etwas anders und bewußter genießen lernen. Wir wollen Ihnen den Weg zeigen und wünschen viel Gesundheit und einen guten Appetit,

Peter Mayr
Gesundheitszentrum
Golfhotel
A-9082 Maria Wörth

Prof. Dr. med. Olaf Adam
Ernährungsbeauftragter Arzt
Medizinische Klinik
der Universität
Ziemssenstraße 1
D 80336 München

im Juni 1999

Wissenswertes über Morbus Bechterew und Ernährung

Das Krankheitsbild

Der Morbus Bechterew wird auch Spondylitis ankylosans (verkrümmende Wirbelsäulenentzündung) genannt, da er vor allem die Wirbelsäule betrifft. Charakteristisch sind tiefsitzende Kreuzschmerzen, die in den Morgenstunden besonders quälend werden. Aber auch andere Abschnitte der Wirbelsäule, wie im Hals- und Brustbereich, können betroffen sein und dann entsprechende Schmerzen verursachen. Charakteristisch ist in den späteren Stadien eine Einsteifung der Wirbelsäule durch knöcherne Verbindungen zwischen den einzelnen Wirbelkörpern (Spondylosis). In diesem Stadium wird im allgemeinen angenommen, daß keine Entzündung mehr besteht, möglicherweise ist aber auch nur kein Gewebe mehr da, welches sich entzünden kann. Deshalb ist ein frühzeitiges Einwirken auf das Entzündungsgeschehen für den Verlauf bedeutsam.

Die Entzündung spielt beim Morbus Bechterew eine wichtige Rolle. Die schubweise sich verstärkenden Schmerzen sind durch die Entzündung der beteiligten Gelenke, meist der Beckengelenke (Sacroiliacal-Gelenke), bedingt. Häufig beschränken sich diese Entzündungen aber nicht nur auf die Gelenke der Wirbelsäule und der Wirbelkörper, sondern es sind auch andere Gelenke betroffen. Zwischen 30 bis 40% aller Patienten mit Morbus Bechterew leiden zu unterschiedlichen Zeitpunkten an Entzündungen kleiner Gelenke. Bei jedem 4. bis 5. Kranken mit Morbus Bechterew können diese Entzündungen peripherer Gelenke sogar das erste Symptom der Krankheit sein. Dies führt häufig zu Verwechslungen mit anderen rheumatischen Erkrankungen, beispielsweise mit der rheumatoiden Arthritis. Vorwiegend sind die Hüft-, Knie- und Knöchelgelenke betroffen. Besonders bei Jugendlichen treten Gelenkentzündungen oft schon Jahre vor der Wirbelsäulenerkrankung auf. Dabei sind die oben genannten großen Gelenke häufiger betroffen als die Gelenke der Hände und Füße. Da die Gelenke sich häufig beidseitig entzünden, ist im frühen Stadium der Erkrankung die Abgrenzung von der rheumatoiden Arthritis besonders schwer.

Die Gelenkentzündungen können zur Zerstörung des Knorpels und damit zu einer erheblichen Bewegungseinschränkung führen. An der Wirbelsäule resultiert hieraus oft die vollständige Versteifung, im späten Stadium ähnelt die Wirbelsäule einem Bambusstab, was durch Verknöcherungen und Auftreibungen an den Bandscheibenräumen bedingt ist. Der Versteifung der Wirbelsäule wird durch ein konsequentes Übungsprogramm entgegengewirkt, ein Erfolg ist aber nur zu erhoffen, wenn gleichzeitig die Entzündung konsequent bekämpft wird.
Wie an der Wirbelsäule droht auch bei der Entzündung peripherer Gelenke ein Funktionsverlust. Durch die Schmerzen und die Bewegungseinschränkung kann eine Kontraktur der Gelenke folgen, die sich nur schwer wieder beseitigen läßt. Schmerzbedingte Verkrampfungen der Muskulatur tragen zur Fehlstellung der Gelenke bei und bedürfen einer intensiven physikalischen Behandlung. Auch diese krankheitsbedingten Störungen können nur durch eine ausreichende Hemmung der Entzündung wirksam angegangen werden.
Der Verlauf des Morbus Bechterew ist sehr unterschiedlich. Wir kennen Verläufe, die über Jahrzehnte zu keiner wesentlichen Funktionseinbuße und zu keiner Zerstörung von Gelenken führen. Andererseits gibt es Patienten mit Morbus Bechterew, bei denen sogar die kleinen Finger-, Hand-, Zehen- und Vorfußgelenke am Krankheitsprozeß beteiligt sind und zu einer wesentlichen Beeinträchtigung beitragen. Besonders häufig sind das Großzehengrund- und das Großzehenendgelenk in den Krankheitsverlauf einbezogen. Frauen neigen häufiger zu einer derartigen Verlaufsform. Im jugendlichen Alter sind dagegen häufiger die großen Gelenke, wie beide Hüftgelenke, das Schulter- oder Kniegelenk betroffen. Bei Patienten, die zum Zeitpunkt der Erkrankung bereits älter als 40 Jahre sind, treten Gelenkentzündungen weitaus seltener auf.

Die erbliche Veranlagung bei Morbus Bechterew

Vor fast genau 25 Jahren wurde erstmals der bemerkenswerte Zusammenhang zwischen dem Erbfaktor HLA-B27 und dem Auftreten eines Morbus Bechterew beschrieben. Dieser Erbfaktor hat sich irgendwann während der Evolution des Menschen entwickelt; da er weit verbreitet ist, muß er auch einen Vorteil gegenüber den Nichtbesitzern dieses Merkmals dargestellt haben. Erstaunlich ist die Verteilung des Merkmals HLA-B27 in der Weltbevölkerung. HLA-B27 positiv sind große Teile der einheimischen Bevölkerung in nördlichen Regionen, aber auch im Hochland von Papua-Neuguinea. In diesen Regionen sind die Einwohner extremen Kältereizen ausgesetzt, Infektionen waren bei diesen Bevölkerungsgruppen wahrscheinlich häufiger. Im Gegensatz dazu fehlt das Merkmal HLA-B27 praktisch vollständig bei den Indianerstämmen Südamerikas, in der schwarzen Bevölkerung Zentral- und Südafrikas sowie bei den australischen Aborigines und bei einigen Insulanern im südlichen Pazifik. Hier handelt es sich mehrheitlich um warme Regionen, so daß die oben angeführte These durch diese Befunde unterstützt wird.
Die Forschung der letzten Jahre hat gezeigt, daß das Merkmal HLA-B27 dem Körper erlaubt, zwischen fremd und nichtfremd (also eigen) zu unterscheiden. Diese Funktion kann das HLA-B27-Molekül erfüllen, da es eine besondere Bindungsstelle hat, in die Bakterien und Viren besonders gut passen. Bemerken Abwehrzellen des Körpers fremde Eiweißstoffe (z. B. Bakterien oder Viren), so fängt sie das HLA-B27-Molekül ein und präsentiert sie an der Oberfläche der Abwehrzelle, so daß die Zellen des Immunsystems den Eindringling erkennen können. Hierauf setzt die Bildung von Abwehrstoffen (Antigenen) ein, die im Regelfall zur Vernichtung des Eindringlings (der Bakterien, Viren) führt. Wird aber das Immunsystem fehlgeleitet, z.B. durch ein Eiweiß der Bakterien oder Viren, das Gelenkstrukturen sehr ähnelt, so richtet sich das Immunsystem nicht nur gegen den Eindringling, sondern auch gegen

eben diese Gelenkstrukturen und verursacht die Gelenkentzündung.
Wie wichtig das HLA-B27-Merkmal für die Abwehr ist, konnte während der letzten Jahre eindeutig gezeigt werden. Eine Infektion mit dem AIDS-Virus bei Menschen mit dem Erbfaktor HLA-B27 schreitet langsamer voran als in der übrigen Bevölkerung. Die Ausbreitung des AIDS-Virus ist in Südafrika aufgrund des unterschiedlichen Sexualverhaltens, aber möglicherweise auch aufgrund des Fehlens von HLA-B27, weitaus größer als bei uns. Ursächlich dafür dürfte die größere Robustheit des Immunsystems sein – die Zahl der entscheidenden Abwehrzellen (T-Helfer-Zellen) nimmt bei Patienten, die HLA-B27 positiv sind, während der Infektion weniger schnell ab. Erkauft wird dieser bessere Schutz vor Infektionen mit der Möglichkeit einer Autoimmunerkrankung, bei der das Immunsystem nicht mehr zwischen eigen und fremd unterscheidet und hierdurch körpereigene Zellen angreift.

Therapien des Morbus Bechterew

Wie bei allen entzündlich-rheumatischen Erkrankungen stehen auch beim Morbus Bechterew eine Reihe von Medikamenten zur Behandlung zur Verfügung. Die oben beschriebenen Zusammenhänge mit dem Immunsystem lassen eine immunmodulierende Behandlung besonders dann angezeigt erscheinen, wenn eine schwere Verlaufsform und die Beteiligung peripherer Gelenke vorliegt. Hier stehen dem Arzt die gleichen Medikamente wie bei anderen rheumatischen Erkrankungen zur Verfügung. Als Beispiel sei Sulfasalazin oder Metothrexat genannt. Diese Medikamente setzen die Reaktionsfähigkeit des Immunsystems herab und können dadurch den Krankheitsverlauf mildern. Wird eine solche Behandlung vom Arzt begonnen, handelt es sich um eine Basistherapie, die stets über einen längeren Zeitraum konsequent durchgeführt werden muß. Sie ist mit gewissen Nebenwirkungen behaftet und bedarf stets der regelmäßigen Kontrolle durch den behandelnden Arzt.
Am häufigsten erhalten Patienten mit Morbus Bechterew nichtsteroidale Antirheumatika, die sowohl zur Hemmung der Entzündung, als auch zur Milderung der Schmerzen beitragen. Wenn Sie von der Krankheit betroffen sind, werden Sie erlebt haben, daß die Beschwerden nicht gleichmäßig sind. Zeiten intensiver Schmerzen wechseln mit Zeiten relativer Beschwerdefreiheit ab. Die Verschlechterung der Beschwerden ist durch neue Aktivierungen des Immunsystems bedingt, die Entzündungen der betroffenen Gelenke auslösen. Bei diesen Entzündungen werden Substanzen freigesetzt, die im Gelenk die Schmerzen, die Schwellungen, die Überwärmung und die Steifigkeit auslösen. Diese Entzündungsvermittler entstehen aus einer mehrfach ungesättigten Fettsäure mit 20 (griechisch: eikosa-) Kohlenstoffatomen. Entsprechend nennt man die Entzündungsvermittler Eikosanoide. Erstaunlicherweise bildet der Körper wirksame Eikosanoide nur aus einer einzigen mehrfach ungesättigten Fettsäure mit 20 Kohlenstoffatomen, obwohl es mehrere Fettsäuren mit derselben Kettenlänge gibt (Abb. 1).

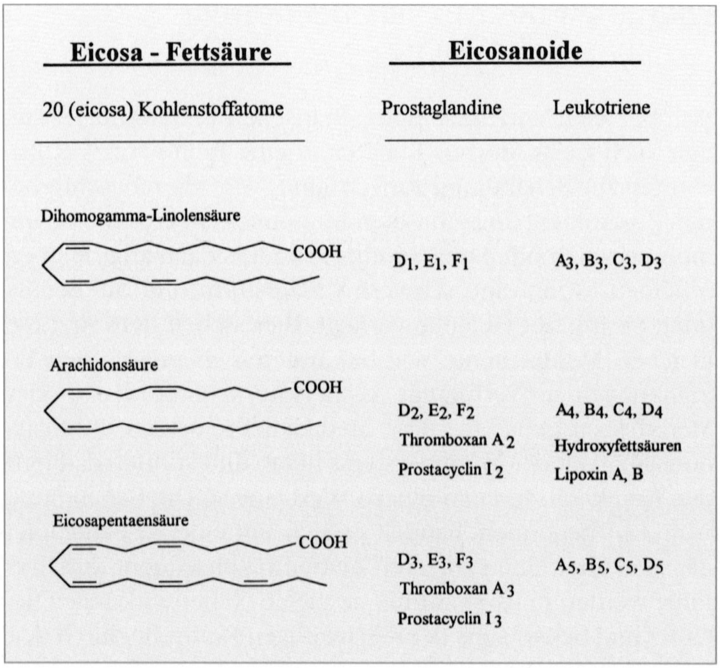

Abb. 1: Fettsäuren mit 20 (griechisch eicosa-) können zu Zellhomonen mit 20 Kohlenstoffatomen umgewandelt werden. Man nennt sie deshalb Eicosanoide oder Eikosanoide. Obwohl sich die Eicosanodie der einzelnen Fettsäuren sehr ähnlich sind, haben sie unterschiedliche Wirkungen. Nur die Eicosanoide aus Arachidonsäure wirken entzündungsfördernd, während die aus Dihomo-Gamma-Linolensäure und Eikosapentaensäure entzündungshemmend wirken.

Die Umwandlung der Arachidonsäure zu den Entzündungsvermittlern erfolgt durch bestimmte Wirkstoffe (Enzyme), die durch Sauerstoffradikale angeregt werden. Der erste dieser Wirkstoffe (Phospholipase A) spaltet Arachidonsäure aus der Zellwand ab, die sofort vom zweiten Wirkstoff (Zyklooxy- und Lipoxygenase) ergriffen und zu den Entzündungsmediatoren umgewandelt wird (Abb. 2).
Nicht-steroidale Antirheumatika (z.B. Aspirin, Diclophenac) können sich an die aktiven Zentren des Wirkstoffs 2 (Zyklooxygenase) anheften und damit die Umwandlung der Arachidonsäure zu den Entzündungsmediatoren verhindern. Wenn

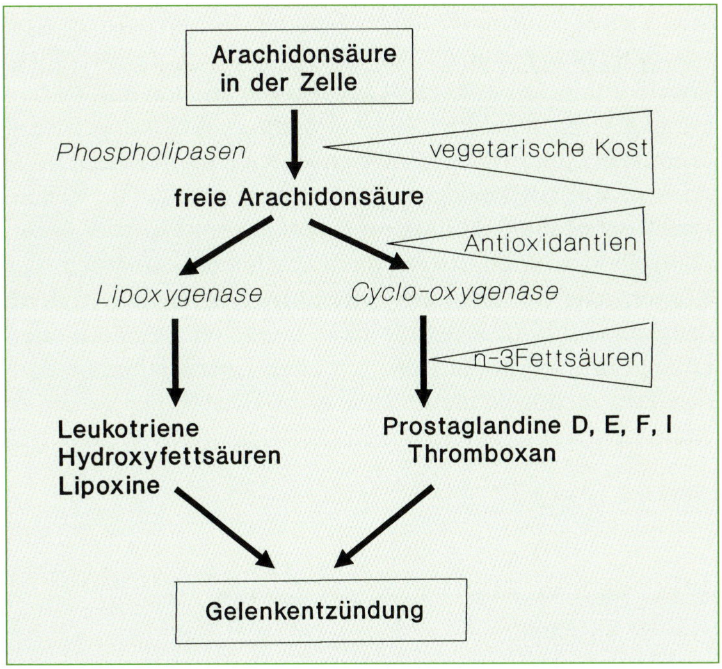

Abb. 2: Arachidonsäure ist die Ausgangssubstanz für entzündungsfördernde Eicosanoide. Die Bildung dieser Eicosanoide kann durch eine fleischarme Kost (vegetarisch), durch Antioxidantien und durch Fischölfettsäuren (n-3 Fettsäuren) vermindert werden.

weniger oder keine Entzündungsstoffe gebildet werden, nehmen die Schmerzen, die Schwellungen und die Steifigkeit ab, obwohl der immunologische Prozeß hierdurch kaum beeinflußt wird.

Ich muß aber sagen, daß die Eikosanoide indirekt doch auf das immunologische Geschehen und damit auf den Krankheitsverlauf einwirken. Eikosanoide steuern die Bildung anderer Entzündungsstoffe (Zytokine), die wiederum immunologische Vorgänge maßgeblich beeinflussen können. Einige der nicht steroidalen Antirheumatika scheinen diese Wirkung besonders stark auszuüben (z.B. COX-2-Hemmer), doch sind diese Untersuchungen noch nicht abgeschlossen.

Wie bereits erwähnt, wird die Anregung der Wirkstoffe zur Bildung der Entzündungsmediatoren durch Sauerstoffradikale ausgelöst. Sauerstoffradikale sind Signalstoffe, die im Körper entstehen, sobald das HLA-B27-Molekül „körperfremdes" Eiweiß entdeckt hat. Dies ist also bei Infektionen mit Bakterien oder Viren, aber auch bei Autoimmunerkrankungen (z.B. Morbus Bechterew) der Fall. Werden Sauerstoffradikale in zu großem Ausmaß gebildet, so wirken sie tödlich auf die Zellen. Das Ausmaß ihrer Bildung muß deshalb vom Körper genau kontrolliert werden. Hierzu dient das Entgiftungssystem des Körpers, das vor allem aus Antioxidanzien besteht. Antioxidanzien sind Wirkstoffe, die freie Sauerstoffradikale binden können und damit die Gefahren einer Überproduktion bannen. Das wichtigste dieser Sauerstoffradikal-Fänger ist das Vi-

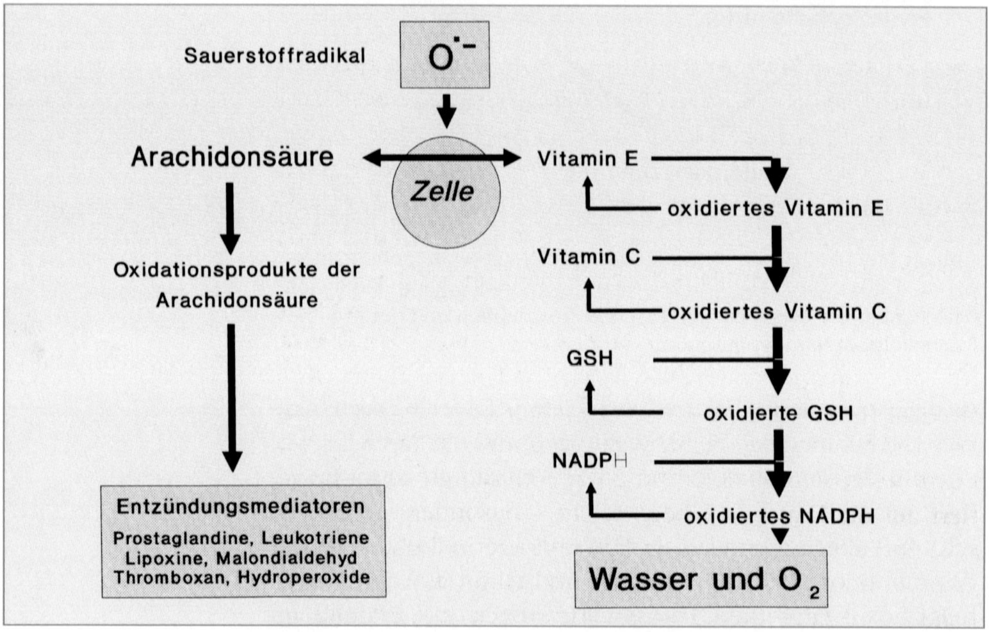

Abb. 3: Sauerstoffradikale greifen die Zellwand an und lösen die Bildung von Entzündungsmediatoren. Wird das Sauerstoffradikal durch Vitamin E abgefangen, unterbleibt die Bildung der Eikosanoide, aber das Vitamin E wird zerstört und muß durch Vitamin C wieder hergestellt werden. Vitamin C wird dabei durch das Sauerstoffradikal oxidiert und bedarf seinerseits der Hilfe durch die selenhaltige Glutathionperoxidase (GSH). Erst dann kann das Sauerstoffradikal durch die Hilfe von einem weiteren Enzym (NADPH) endgültig beseitigt werden.

tamin E, das einzige Antioxidanz in der Zellmembran. Weitere sind das Vitamin C, die selenhaltige Glutation der Oxydase und das NADP, die in der sogenannten Redox-Kette zusammengefaßt werden (Abb. 3).
Beim Morbus Bechterew kommt es durch das chronisch-entzündliche Geschehen zu einem vermehrten Verbrauch der Antioxidanzien, besonders die Konzentration des Vitamin E ist regelhaft vermindert. Eine Zufuhr von Antioxidanzien kann den Entzündungsprozeß vermindern und die Beschwerden bessern.

Gesunde Ernährung bei Morbus Bechterew

Die wichtigste Forderung, die wir an die Ernährung stellen müssen, ist die Zufuhr aller Nährstoffe in ausreichender Menge. Besonders bei Patienten mit entzündlichen Erkrankungen ist die Vollwertigkeit der Ernährung von ausschlaggebender Bedeutung. Einige Besonderheiten sind zusätzlich zu beachten. Grundlage muß aber die nach den Regeln der Deutschen Gesellschaft für Ernährung (DGE) vollwertige Ernährung sein. Das bedeutet aber auch, daß nicht nur eine Unterversorgung mit bestimmten Nährstoffen vermieden werden muß, eine Überversorgung ist ebenfalls nicht wünschenswert. Die meisten ernährungsabhängigen Krankheiten entstehen durch eine zu hohe Energiezufuhr. Auch Patienten mit Morbus Bechterew sind davon bedroht. Eine zu hohe Energiezufuhr resultiert auf die Dauer in Übergewicht - besonders gefährlich sind die Fette in der Nahrung. Neuere Untersuchungen haben gezeigt, daß der Körper aus Kohlenhydraten - das sind vor allem pflanzliche Produkte wie Kartoffeln, Reis und Getreideprodukte - kaum Fett aufbaut. Kohlenhydrate dienen dem Körper zur Energiegewinnung. Er verbrennt sie schneller und rascher als Fette. Das zusätzlich zugeführte Fett bleibt erhalten und wird zu den berühmt-berüchtigten Fettpolstern, die sich in den Industrieländern zu rasch ansammeln. Dort ist das Übergewicht (Adipositas) vorallem deshalb so verbreitet, weil die meisten Speisen mit zu viel Fett zubereitet werden. Bis in das 16. Jahrhundert waren fette Soßen in Deutschland nicht bekannt. Danach gingen immer mehr Frauen dazu über, ihre Familien mit Soßen zu verwöhnen, die in der Hauptsache aus Fett bestanden und mit einer tüchtigen Portion Weißmehl gebunden wurden. Gewürze und Kräuter dienten nur noch zur Verfeinerung. Fett wird im allgemeinen auf der Zunge als angenehm empfunden – dies gilt vor allem für cremige Schokoladen, Eiscreme, Sahnetorten, vollfetten Käse und Wurst. In den Soßen und den genannten Nährstoffen sieht man das Fett nicht, im Gegensatz zum Brotaufstrich oder zum Schweinefleisch mit der weißen Speckschicht. Trotzdem sind die aufgeführten Produkte fettreicher als das fetteste Schweinefleisch. Da man aber das Fett in diesen Produkten nicht sehen kann, sprechen wir von den versteckten Fetten. Diese versteckten Fette tragen zu fast der Hälfte der gesamten Fettzufuhr in unserer Nahrung bei. Ihr Vorhandensein ist um so bedauerlicher, da sie nichts zu einer gesunden Ernährung beitragen. Eine gesunde Ernährung braucht nur wenig dieser versteckten Fette, wichtig aber sind die mehrfach ungesättigten Fettsäuren in den Pflanzenfetten, die sich aber in versteckten Fetten kaum oder meist gar nicht finden.

Fette in der Nahrung und ihre Bedeutung für die Gesundheit

Wie wir gehört haben, stellt der Körper Fette kaum selbst her. Werden allerdings Kohlenhydrate, wie z.B. Zucker in Coca Cola, süßes Gebäck, weißes Mehl oder Kekse in zu hoher Menge gegessen, so kann der Körper hieraus ebenfalls Fettpolster aufbauen. Das ist aber ein umständlicher Prozeß und der Körper stellt nur die einfachste Art des Fettes her, und zwar einfache Ketten von Kohlenstoffatomen, die als Energiespeicher dienen. Diese Kohlenstoffketten sind träge und starr, man kann sie sich am besten wie Rindertalg oder Kokosfett vorstellen. Da die Fettspeicher aber nicht zu starr sein dürfen, fügt der Körper auch gelegentlich eine Doppelbindung in diese Fette ein, hierdurch werden die Fettpolster geschmeidiger. Aber mehr als eine Doppelbindung leistet sich der Körper unter normalen Umständen in keinem Fettmolekül. Solche Doppelbindungen entstehen, indem Wasserstoffatome aus der Fettsäure entfernt werden und eine doppelte Bindung zwischen den betroffenen zwei Kohlenstoffatomen entsteht (Abb. 4). Diese Doppelbindung bewirkt eine Ab-

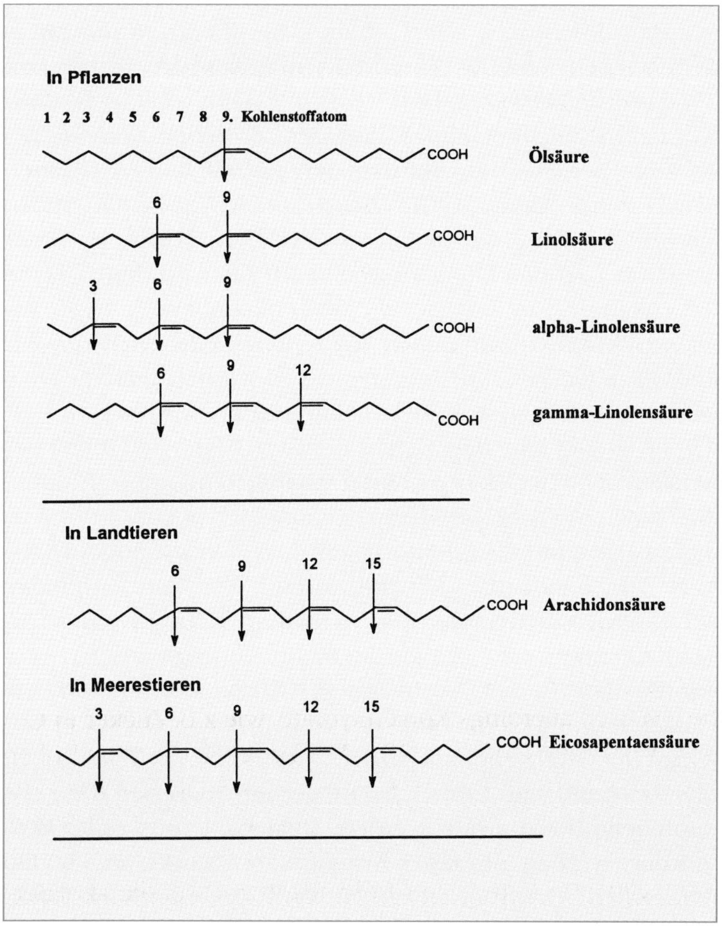

Abb. 4: Nur in Pflanzen werden mehrfach ungesättigte Fettsäuren gebildet. Der Mensch und das Tier müssen diese zuführen, da sie zum Leben erforderlich sind (essentiell). Aus diesen mehrfach ungesättigten Fettsäuren entsteht in Landtieren vor allem Arachidonsäure, während Fische mehr Eicosapentaensäure bilden.

knickung der Kohlenstoffkette, die einen erhöhten Raumbedarf der Fettsäure bewirkt, das Fett wird weicher. Wenn sehr viele Doppelbindungen im Fett enthalten sind, wird es flüssig, es entsteht ein Öl. Öle können Tiere und auch der Mensch nicht herstellen, da sie nicht die nötige Anzahl an Doppelbindungen bilden können. Pflanzen dagegen haben die Fähigkeit Öle zu bilden, die besonders in den Samen angereichert werden. Pflanzliche Öle enthalten die für Tiere und Menschen lebenswichtigen mehrfach ungesättigten Fettsäuren. Da diese, wie erwähnt, vom Menschen nicht gebildet werden können, bezeichnet man sie als essentiell (lebensnotwendig). In Abb. 4 ist die Entstehung der mehrfach ungesättigten Fettsäuren in den Pflanzen beschrieben. Haben Sie einmal Olivenöl im Kühlschrank aufbewahrt? Dann haben Sie sicher gesehen, daß sich Olivenöl rasch zu weißen Klumpen verfestigt, während andere Öle, wie Weizenkeimöl oder Sojaöl, bei diesen Temperaturen immer noch flüssig bleiben. Wenn wir die Öle in die Tiefkühltruhe stecken, so werden auch die letztgenannten Öle steif, Leinöl bleibt aber immer noch flüssig. Diese erstaunliche Eigenschaft der Fette beruht auf ihrem unterschiedlichen Gehalt an mehrfach ungesättigten Fettsäuren. Weizenkeimöl ist besonders reich an einer zweifach ungesättigten Fettsäure (Linolsäure), während im besonders flüssigen Leinöl eine dreifach ungesättigte Fettsäure (Alphalinolensäure) vorherrscht. Wie in dem beschriebenen Kühlschrankexperiment dienen die mehrfach ungesättigten Fettsäuren auch in den Zellen unseres Körpers dazu, die Fließfähigkeit und Geschmeidigkeit der Zellwand zu erhalten und damit die richtige Funktion zu gewährleisten. Die Funktionen der Zellwand sind zahlreich. Energie für das Leben der Zelle muß herantransportiert werden, Abfallstoffe müssen abtransportiert werden, ein reger Austausch an Wasser, Salzen und Mineralien gewährleistet die Funktion der einzelnen Zellorgane. Wird die Zellwand zu starr, so ist der lebensnotwendige Transport der Güter nicht mehr gewährleistet, die Zelle wird krank. Aber die mehrfach ungesättigten Fettsäuren haben auch weitere Funktionen.

Wirkungen der mehrfach ungesättigten Fettsäuren bei der Gelenkentzündung

Obwohl der Körper mehrfach ungesättigte Fettsäuren nicht bilden kann, kann er diese doch verlängern und sogar zusätzliche Doppelbindungen einfügen. Auf diese Weise entsteht in allen Tieren und auch im Menschen aus pflanzlicher Linolsäure die Arachidonsäure (Abb. 5). Die Arachidonsäure ist für den Organismus besonders wichtig, denn sie ist die Ausgangssubstanz für Entzündungsmediatoren. Der entzündliche Schub der Erkrankung beim Morbus Bechterew wird um so

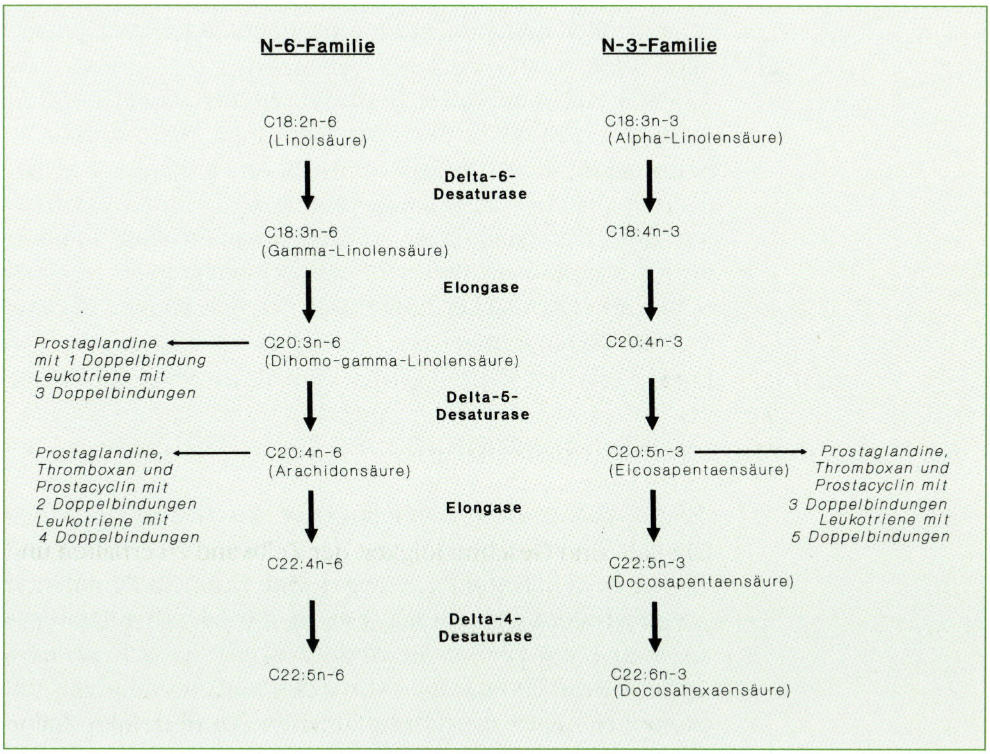

Abb. 5: In dieser Abbildung ist der Stoffwechselweg der beiden konkurrierenden Fettsäurefamilien Omega-6 (Arachidonsäure) und Omega-3 (Eicosapentaensäure) aufgezeichnet. Die Wirkstoffe, die dabei erforderlich sind, werden von beiden Fettsäuren benutzt, der schnellere gewinnt. Das ist meist die Arachidonsäure.

schmerzhafter, je mehr Arachidonsäure dem Körper zur Bildung der Entzündungsmediatoren zur Verfügung steht. Der Körper ist deshalb besonders vorsichtig mit der Bildung der Arachidonsäure. Die Umwandlung der Linolsäure wird genau kontrolliert. Wenn Sie es exakt wissen wollen, können Sie dies in Abb. 5 nachlesen. Andererseits geht der Körper mit zugeführter Arachidonsäure besonders vorsichtig um. Er schützt sie vor der Oxidation, denn hierdurch würden die entzündungsfördernden Eikosanoide entstehen. Arachidonsäure wird kaum zur Energiegewinnung, wie dies bei anderen Fettsäuren der Fall ist, verwendet. Andererseits nimmt der Körper Arachidonsäure viel vollständiger und sogar bevorzugt zu allen anderen Fettsäuren auf, um sich deren aufwendige Synthese zu sparen.

Wir wissen ja nun, daß sich Arachidonsäure ausschließlich in tierischen Produkten befindet. Eine hohe Fleischzufuhr bewirkt somit eine Anreicherung der Arachidonsäure in den Körperspeichern. Eine Entzündung wird hierdurch erheblich verstärkt. Untersuchungen an Patienten mit rheumatoider Arthritis konnten nachweisen, daß Personen unter vegetarischer, also fleischloser Ernährung, deutlich weniger Gelenkentzündungen hatten.

Arachidonsäure und ihr Gegenspieler

Fische bilden, wie alle anderen Tiere, Arachidonsäure. Da sie aber im Wasser häufig kälteren Temperaturen ausgesetzt sind, bilden sie eine Fettsäure, die noch eine Doppelbindung mehr als Arachidonsäure enthält. Das ist die Eikosapentaensäure (Abb. 4). Diese Eikosapentaensäure gleicht der Arachidonsäure auf's Haar, bis auf eine Doppelbindung am 3. Kohlenstoffatom. Auch alles, was über den Stoffwechsel der Arachidonsäure gesagt worden ist, kann uneingeschränkt auf die Fischölfettsäure Eikosapentaensäure übertragen werden. Während ihres Weges von der Nahrung zur Körperzelle und auch hier weiter bis zur Bildung der Entzündungsstoffe konkurrieren Arachidonsäure und Eikosapentaensäure miteinander.

In aller Welt wurden Berichte mit großem Interesse aufgenommen, daß native Grönland-Eskimos und andere Volksgruppen, die sich fischreich ernähren, seltener entzündlich-rheumatische Erkrankungen haben als der Rest der Menschheit. Obwohl in diesen Volksgruppen die erblichen Voraussetzungen durchaus das Auftreten dieser Krankheiten begünstigen, erkranken Angehörige dieser Volksgruppen seltener oder weniger intensiv. Erst die Forschung auf dem Gebiet der Eikosanoide brachte eine Klärung dieses Phänomens. Die Fischölfettsäure Eikosapentaensäure wird nicht zu entzündungsfördernden Eikosanoiden umgewandelt. Vielmehr blockiert sie den Stoffwechselweg für Arachidonsäure und verhindert damit das Entstehen von Entzündungsstoffen, wie dies auch nicht-steroidale Antirheumatika tun. Vergleichbar mit den beschriebenen Effekten der nicht-steroidalen Antirheumatika können Fischölfettsäuren auch das Immunsystem bei Autoimmunerkrankungen günstig beeinflussen. Dies beruht darauf, daß Fischölfettsäuren den gesamten Weg der Arachidonsäure zu den Entzündungsstoffen blockieren, während nicht-steroidale Antirheumatika nur ein Enzym (Zyklooxigenase) hemmen. Studien haben gezeigt, daß mit Fischölfettsäuren entzündlich-rheumatische Erkrankungen wirksam bekämpft werden können.

Wirkung der Antioxidanzien

Arachidonsäure und Eikosapentaensäure werden besonders leicht oxidiert, deshalb werden sie auch bevorzugt von den oxidierenden Enzymen angenommen. Aus Arachidonsäure entstehen dadurch entzündungsfördernde Eikosanoide. Aus Eikosapentaensäure werden Oxidationsprodukte gebildet, die schädigend auf die Zelle einwirken können. Ein ausreichender Schutz durch Antioxidanzien ist deshalb bei allen Patienten mit entzündlich-rheumatischen Erkrankungen erforderlich, besonders wenn sie zusätzlich Fischölfettsäuren einnehmen. Wie beschrieben, ist Vitamin E das wichtigste Antioxidanz (Abb. 3). Es kann nicht nur Sauerstoffradikale abfangen und damit die Arachidonsäure vor der Oxydation schützen, es kann sogar als einziges Oxidanz diese Sauerstoffradikale entgiften. Allerdings wird es bei dieser Reaktion verbraucht und bedarf der Regenerierung durch die Glutathionperoxidase und das Vitamin C (Abb. 3). Mit einer gesunden Ernährung kann ausreichend Vitamin C zugeführt werden, während Vitamin E und Selen durch gezielte Supplementierung mit Kapseln oder Trinkampullen zugeführt werden muß. Es liegen mehrere Studien an Patienten mit Morbus Bechterew vor, bei denen durch die Gabe von Vitamin E eine Besserung des Krankheitsverlaufs erzielt worden ist.

Praktische Ernährungsrichtlinien bei Morbus Bechterew

Wie eingangs erwähnt, ist eine vollwertige Ernährung die wichtigste Voraussetzung. Bestimmte Modifikationen der Kost erlauben ohne großen Aufwand zusätzlich eine Entzündungshemmung. Daß dies ohne großen Verzicht erfolgen kann, sollen Ihnen die Anregungen im Rezeptteil beweisen.

Die Vollwertigkeit der Ernährung ist um so leichter zu erreichen, je abwechslungsreicher diese ist. Eine ausschließlich vegetarische Ernährung bedeutet den Verzicht auf Fleisch, hierdurch wird die Versorgung mit Eisen, wertvollen Eiweiß- und Mineralstoffen beeinträchtigt. Andererseits führt ein mäßiger Fleischkonsum nicht zum Anstieg der Arachidonsäure. Unsere Untersuchungen haben ergeben, daß zwei kleine Fleischmahlzeiten pro Woche den Spiegel der Arachidonsäure nicht ansteigen lassen. Die Werte der Arachidonsäure erhöhen sich aber drastisch, wenn die Fleischzufuhr darüber hinaus erhöht wird. Zwei Fleischmahlzeiten pro Woche können somit den Bedarf an essentiellen Nährstoffen decken und gehen nicht mit einer schädlichen Erhöhung der Arachidonsäure einher.

Die im Fisch enthaltene Arachidonsäure wird durch die zusätzlich und im Überschuß darin vorkommende Eikosapentaensäure neutralisiert. Fischmahlzeiten wirken sich deshalb eher günstig für das Krankheitsgeschehen aus. Sie enthalten zudem Jod und wertvolles Eiweiß, mit dem sie maßgeblich zu einer vollwertigen Ernährung beitragen. Eier und Eiprodukte, aber nur das Eigelb und nicht das Eiweiß, sind besonders reich an Arachidonsäure und sollten deshalb gemieden werden. Der Arachidonsäuregehalt von Milch ist mit 40 mg pro Liter nicht sehr hoch. Bei einer arachidonsäurearmen Ernährung fällt er trotzdem ins Gewicht. Es sollten deshalb fettreduzierte Milch und Milchprodukte verwendet werden (Tabelle 1).

Was tun, wenn man keinen Fisch mag?

Wie wir bereits wissen, enthalten Fischöle die Eikosapentaensäure, die von Fischen aus Alphalinolensäure hergestellt wird (Abb. 4). Auch der Mensch kann aus Alphalinolensäure Eikosapentaensäure bilden, allerdings in genau so bescheidenem Umfang wie Arachidonsäure. Werden über einen genügend langen Zeitraum - etwa 2 Monate - täglich 4 g Alphalinolensäure aufgenommen, kommt es zu einem meßbaren Anstieg der Eikosapentaensäure und zu ähnlich günstigen Auswirkungen auf das Entzündungsgeschehen wie mit Eikosapentaensäure. Alphalinolensäure wird nicht nur in Algen gebildet, man findet sie auch reichlich in Leinöl (55% der Fettsäuren), Walnußöl (13%), Rapsöl (9%), Weizenkeimöl (9%) und Sojaöl (8%). In geringerem Maße ist Alphalinolensäure in allen grünen Blättern der Salate und Gemüse enthalten.

Eine Wunderkerze – die Nachtkerze

Es grenzt an ein Wunder, daß die Vorstufe der Arachidonsäure, die Dihomo-Gamma-Linolensäure (Abb. 1), ebenfalls entzündungshemmend wirkt. Dies beweist erneut die beschriebene Tatsache, daß die Bildung der Arachidonsäure im Körper kaum erfolgt.

Aus der Vorstufe der Arachidonsäure, also der Dihomo-Gamma-Linolensäure, entstehen Eikosanoide, die entzündungshemmend wirken. Die Ausgangssubstanz dieser entzündungshemmenden Eikosanoide (Gamma-Linolensäure) findet sich reichlich im Borretschöl, Kernöl der schwarzen Johannisbeere und im Öl der Nachtkerze. Diese Öle sind normalerweise nicht in genügendem Umfang in der Nahrung enthalten. Im Handel befinden sich aber Kapseln, die ähnliche Mengen an Gamma-Linolensäure enthalten, wie dies auch bei Fischölkapseln der Fall ist. Die Dosierung der Gamma-Linolensäure entspricht der von Fischölkapseln, die Wirkungen dieser beiden mehrfach ungesättigten Fettsäuren sind ebenfalls vergleichbar. Mit der Nahrung können Sie Gamma-Linolensäure zuführen, indem Sie zum Beispiel Salate mit Borretschöl, das Sie im Reformhaus erhalten, anmachen.

Antioxidanzien, Vitamine und Spurenelemente

Wir haben bereits gehört, daß Antioxidanzien immer in Gemeinschaft wirken, selbst Vitamin E kann ein Sauerstoffradikal nur einmal entgiften, danach muß es durch andere Antioxidanzien wieder regeneriert werden. Neben den in der Redoxkette (Abb. 3) erwähnten Antioxidanzien sind zahlreiche andere Nährstoffe ebenfalls antioxidativ wirksam. Bekannt ist das Beispiel des Rotweins, der neben dem Alkohol Flavinoide enthält. Antioxidanzien konnten auch im grünen Tee festgestellt werden. Eine ausreichende Versorgung mit Antioxidanzien kann für den Gesunden mit einer vollwertigen Ernährung erzielt werden. Der Patient mit entzündlich-rheumatischen Erkrankungen hat einen erhöhten Bedarf besonders für Vitamin E und Selen, das mit unserer Kost nur in geringem Umfang zugeführt wird. Die empfohlenen Tagesdosen der Vitamine und Spurenelemente für Patienten mit Morbus Bechterew sind in Tabelle 2 angegeben.

Praktische Ratschläge

Begrenzen Sie Ihren Fleischkonsum auf 2 kleine Fleischmahlzeiten pro Woche. Meiden Sie fette Wurst, Eigelb, Vollmilch und Innereien.

Verzichten Sie ganz auf tierische Fette wie Schweineschmalz oder Gänsefett. Statt dessen verwenden Sie wenig Butter, Diätmargarine und pflanzliche Öle möglichst mit günstigen mehrfach ungesättigten Fettsäuren (z.B. Weizenkeimöl, Sojaöl, Walnußöl, Leinöl oder Rapsöl).

Verwenden Sie nicht mehr als ein Eigelb pro Woche, statt dessen benützen Sie Ei-Ersatzprodukte wie z.B. pflanzliche Bindemittel. Achten Sie besonders darauf, keine eihaltigen Teigwaren zu verzehren (deutsche Nudeln enthalten Hühnerei, italienische Maismehlnudeln sind eifrei).

Milchprodukte sind für Sie sehr wichtig. Sie müssen aber fettarm sein. Statt Wurst verwenden Sie pflanzliche Brotaufstriche, Hart- und Schnittkäse mit einem Fettgehalt nicht über 45% i.Tr.

Zwei- bis dreimal pro Woche eine Fischmahlzeit, besonders zu empfehlen sind fettreiche Fische wie Makrele, Lachs oder Hering.

Täglich Vollkornprodukte, z.B. Vollkornbrot, -mehl, -reis, -nudeln oder -haferflocken zum Frühstück, auch mit Nüssen, sorgt für eine Versorgung mit Selen.

Soja- und Tofugerichte sind ein guter Fleischersatz und können zwei- bis dreimal pro Woche Ihren Speisezettel ergänzen.

Täglich Obst und Gemüse. Eiweißreiche Hülsenfrüchte, Pilze und Gemüsesorten wie Grünkohl, Lauch, Fenchel, Broccoli sowie Nüsse und Samen sind besonders zu empfehlen. Obst und -säfte sind wichtige Lieferanten von Vitamin C.

Tabelle 1:
Empfehlenswerte – nicht empfehlenswerte Lebensmittel*

Lebensmittel	empfehlenswert	nicht empfehlenswert
Gemüse	alle Arten, (frisch oder tiefgefroren bevorzugen), Sprossengemüse, frische Küchenkräuter	Gemüse in fettreichen (Soßen-)Zubereitungen
Hülsenfrüchte	alle Arten	
Früchte	alle Arten, (frisch oder tiefgefroren bevorzugen)	
Kartoffeln	im Kocheinsatz gedämpft, als Püree mit Milch, Folien- oder Pellkartoffeln, mit Käse überbacken	Pommes frites, ungeeignetes Fett bei Bratkartoffeln usw.
Brot	alle Arten (Vollkornbrot bevorzugen)	
Nährmittel und Getreideprodukte	Vollkornflocken Vollkorn- oder Parboiled Reis, Vollkornnudeln, eifreie Teigwaren, Sojanudeln	Eierteigwaren
Kuchen und Gebäck	Trockene, fettarme Teige oder Quark-Öl-Teig mit linolsäurereichem Öl und möglichst wenig Ei	Sahnetorte, Fettgebackenes

Nüsse und Kerne	Walnüsse, Haselnüsse, Mandeln, Soja- und Sonnenblumenkerne, Sesam	
Getränke	calciumhaltiges Mineralwasser, reine Fruchtsäfte Schorle, Gemüsesäfte 1 Glas Rotwein	Alkohol mehr als 30 g (Frauen) oder 50 g (Männer) pro Tag
Milch und Milchprodukte	Buttermilch, Trinkmolke, fettarme Milch und Magermilch, fettarmer Kefir und weitere Sauermilchprodukte, Magerquark, Hüttenkäse, Käse nicht höher als 45 % Fett in der Trockenmasse	Sahne, alle fettreichen Milchprodukte, Käsesorten über 45 % Fett in der Trockenmasse
Fette und Öle	Sojaöl, Leinöl, Rapsöl, Walnußöl Sojamargarine, Olivenöl Weizenkeimöl, etwas Butter	Speck, Schmalz, Plattenfett
Eier	1 Eigelb pro Woche, Eiersatzstoffe	Eihaltige Produkte, z.B. Kuchen, Nudeln
Fisch	alle frischen See- und Süßwasserfische, Krusten und Schalentiere	mit ungeeigneten Fetten zubereitete Fische
Fleisch- und Wurstwaren	zwei kleine Fleischmahlzeiten pro Woche	alle Wurstsorten und Schinken, Innereien

* aus: Adam O.: Diät und Rat bei Rheuma und Osteoporose, Walter Hädecke Verlag, 1994

Tabelle 2:
Empfohlene Tageszufuhr der Vitamine A, B, C, D, E und der Spurenelemente für gesunde Erwachsene (Deutsche Gesellschaft für Ernährung) und Patienten mit entzündlichen Erkrankungen

	Gesunde	bei Morbus Bechterew
Vitamin A	1.8 mg	1.8 mg
Vitamin C	75.0 mg	200 mg
Vitamin D	5.0 µg	
Vitamin E	12.0 mg	400 mg
Kupfer	1.5 mg	3 mg
Selen	100.0 µg	200 µg
Zink	15.0 mg	30 mg

Die Rezepte für die Morbus Bechterew-Ernährung

Vorbemerkungen

Der Rezeptteil gliedert sich in verschiedene Rubriken. Die Rezepte dazu habe ich so zusammengestellt, daß es möglichst viel Abwechslung gibt. Eine Diät soll Spaß machen und vor allem soll sie hervorragend schmecken. Nur so ist es möglich, selbst als chronisch Kranker eine eingeschränkte Kostauswahl zu genießen, bei der auch die ganze Familie mitmachen kann, ohne auf kulinarischen Genuß verzichten zu müssen.

Die Rezepturen wurden auf vegetarischer Basis mit Fischgerichten erstellt. Die Zutaten sind das Wichtigste. Bei Obst geht es um natürliche Sonnenreifung, bei Gemüse, Salat und Getreide um biologischen Anbau. Unzweifelhaft stecken in diesen natürlichen Produkten mehr Vitamine und Mineralstoffe sowie mehr Kraft und Geschmack als in allen herkömmlich produzierten Produkten.

Die Küchentechnik ist entscheidend. Es nützt nämlich nicht viel, wenn fettarme Lebensmittel ausgewählt werden, dann aber völlig falsch und fettreich zubereitet werden. Wir wissen heute, daß zuviel Fleisch gegessen wird und daß sich die Qualität im Vergleich zu früher verschlechtert hat. Die Pflege, Haltung und Fütterung der Tiere hat sich entscheidend geändert. Das sind aber die wichtigsten Kriterien für beste Qualität.

Es ist für die meisten Menschen kein Problem, mit Fleisch oder Fisch ansprechende Speisen zuzubereiten. Schwieriger wird es jedoch, wenn man Fleisch und Fisch weglassen muß und man trotzdem noch ein köstliches Gericht zubereiten will. Fett soll reduziert werden, Eigelb fällt weg, auch Käsesorten und Milchprodukte sollen im Fettgehalt reduziert werden. Hier wird die Kreativität zweifelsohne mehr gefordert als bei unbeschränkter Verfügung über die gesamte Produktpalette.

Genießen Sie Ihre Mahlzeiten, nehmen Sie sich Zeit dazu und seien Sie sich dessen bewußt, welch wunderbarer Vorgang diesbezüglich in unserem Körper stattfindet. Ich habe die

Rezepte so aufgebaut, daß sie leicht bekömmlich sind, damit Sie sich nach dem Genuß immer noch wohlfühlen. Dies kann man nämlich durch entsprechende Zusammenstellung und sorgfältige Zubereitung der Lebensmittel sehr stark beeinflussen.

Einen guten Appetit und viel Spaß beim Zubereiten der Gerichte wünscht Ihr

Peter Mayr
Gesundheitszentrum Golfhotel
A-9082 Maria-Wörth

Das Wichtigste für die Zubereitung

Beim richtigen Einkauf fängt alles an. Das ist zwar nicht immer einfach, die Mühe wird sich aber lohnen. Mit der Qualität der Zutaten steht und fällt das Essen.

Getreide

Biologisch angebautes Vollkorngetreide ist wohl das Wertvollste, was Sie nehmen können. Der Idealfall sieht so aus, daß man sich immer die Menge an Getreide zu feinem Mehl mahlt, die gerade benötigt wird. Dazu brauchen Sie eine kleine Getreidemühle. Der Geschmack Ihrer selbstgemachten Brote wird sich lohnen und wertvolle Inhaltsstoffe gibt es obendrein. Achten Sie darauf, daß Sie immer auf feinster Stufe mahlen, sonst haben Sie mit der Flüssigkeitsmenge Probleme. Feines Mehl braucht mehr Flüssigkeit als grobes Mehl. Die Ballaststoffe werden dabei gleich mitgeliefert. Getreide und Getreidemehle am besten in Holzbehältern mit Deckel lagern. Dem Dinkel als Urform des Weizens ist der Vorzug zu geben. Wer keine Mühle hat, kauft sich das frisch gemahlene Mehl zum baldigen Verbrauch im Reformhaus.

Kartoffeln

Nehmen Sie für Suppen und Saucen immer mehlige Kartoffelsorten. Die festkochenden sind als Beilage dienlich. Der Anbau und die Qualität der Kartoffel ist entscheidend für den guten Geschmack. Im Rezeptteil werden die Basen-Gemüsesaucen mit pürierten Kartoffeln gemacht. Das hat den Vorteil, daß man kein Mehl zum Binden benötigt und die Saucen leicht bekömmlich sind. Für Kartoffelteig ist es ratsam, die Kartoffeln in Folie gewickelt im Backofen zu garen, weil dadurch die Feuchtigkeit verdunstet. Zu dünne Saucen können mit einer weichgedämpften, pürierten Kartoffel gebunden werden. Kartoffeln sollten nicht gekocht, sondern (möglichst mit der Schale) im Kocheinsatz gedämpft werden, dadurch verlieren sie im Kochwasser nicht an Geschmack. Kalte Kartoffeln nehmen nichts mehr auf, deshalb wird ein guter Kartoffelsalat warm angemacht.

Salat

Salate sollten vor dem Hauptgericht gegessen werden. Auch hier ist der ungespritzte Anbau entscheidend für guten Geschmack. Für Salate benötigt man kaum Rezeptvorschläge, da die Mischungen von guten Blattsalaten fast immer gleich sind. Ein guter Kartoffelsalat oder Krautsalat kann nicht großartig verändert werden. Wohl kommt es aber auf die Marinade an, ob der Salat schmeckt oder nicht. Dafür benötigen Sie einwandfreies Olivenöl aus Erstpressung oder andere kalt gepreßte Pflanzenöle. Leinöl ist zwar wertvoll, eignet sich aber wegen des starken Eigengeschmacks nicht gut. Leinöl kann jedoch unter warme Kartoffeln gemischt werden. Es ist immer noch zuwenig bekannt, daß der Verzehr von Salat am Abend ungünstig ist, weil dies zu Gärungen im Darm führt. Rohkostsalate sind daher tagsüber wichtig, sollten aber am Abend gemieden werden. Dafür steht Ihnen eine Reihe von gekochten Salaten und Gemüsen im Rezeptteil als Antipasto oder warme Vorspeise zur Verfügung.

Gemüse

Biologisch angebautes Gemüse schmeckt einfach besser als konventionell angebautes. Dieses Gemüse ist Grundvoraussetzung für eine gute Gemüsebrühe oder Gemüsesud. Das Gemüse sollte je nach Jahreszeit ausgewählt werden, in der warmen Zeit leichtes Gemüse, im Winter Wirsing und Kohlgemüse. Tomaten schmecken nur in der Saison wirklich gut. Im Winter ist ein Tomatensalat gar nicht hinreißend. Bei allen Rezepturen werden Sie eine Gemüsebrühe finden, die als Aufguß verwendet wird. Kaufen Sie einfach eine größere

Menge Gemüse und frieren Sie es kleingeschnitten mit dem dazugehörigen Grün in kleine Beutel verpackt ein, um in kurzer Zeit eine frische Brühe machen zu können. Diese Brühe wird statt Rindersuppe, Hühnersuppe oder Fischsuppe in der Rheumaküche verwendet. Im Notfall haben Sie auch die Möglichkeit, mit Wasser und pflanzlicher Streuwürze eine Gemüsebrühe herzustellen. Die Intensität einer - mit frischem Gemüse - selbstgemachten Brühe können Sie aber nicht erreichen. Um Fett zu sparen, wird bei einzelnen Rezepten Gemüse püriert und damit gebunden.

Küchenkräuter

Frische Kräuter sind in der guten Küche nicht wegzudenken. Sie sorgen für den abgerundeten Geschmack der Speisen und sind zudem dekorativ. Wichtig ist, daß Frischkräuter nicht zu lange mitgekocht werden, weil sie sonst ihre Farbe verlieren. Das geschieht auch, wenn Kräutersuppen oder Kräutersaucen im Kochtopf abgedeckt werden. Thymian und Rosmarin sind weniger empfindlich als Basilikum oder Kerbel. Tomaten mit Mozzarella oder eine gute Fischspeise ohne Basilikum kann ich mir kaum vorstellen. Wenn keine frischen Kräuter auf dem Markt zu haben sind, gibt es die Möglichkeit, Kräuter in Öl eingelegt zu kaufen. Sie halten sich wochenlang im Kühlschrank. Durch den Schutz des Öls behalten diese Kräuter ihren vollen Geschmack. Getrocknete Kräuter hingegen werden immer mit den Speisen mitgekocht, damit sie ihr Aroma entfalten können.

Obst

Heimisches, voll ausgereiftes Obst und Beeren schmecken zur jeweiligen Erntezeit am Besten. Dabei ist entscheidend, daß das Obst unter Einwirkung der Sonnenkraft voll gereift ist. Sicher waren Sie schon oft über den Geschmack enttäuscht, wenn Sie eine schöne Ananas oder Mango außerhalb der Saison auf dem Markt gekauft haben. Abgesehen von den frisch eingeflogenen Früchten ist alles andere unreif geerntet und dementsprechend fad im Geschmack. Da der Apfel bei uns wächst und sich gut lagern läßt, ist er auch für den Winter das ideale Obst. Obst sollte einen großen Stellenwert in unserem täglichen Speiseplan einnehmen. Bedenken Sie aber, daß Obst am Abend ungünstig ist, da es als gärungsfreudig bekannt ist. Übertreiben Sie auch nicht mit frisch gepreßten Obstsäften, die grundsätzlich immer mit etwas Wasser verdünnt werden sollten.

Frischmilch und Milchprodukte

Entrahmte Milch (1,5%–0,1% Fett) oder fettarme Sauermilchprodukte (1,5% Fett) wie Magerjoghurt, (0,1% Fett) Sauerrahm mit 10% Fett oder Sahne mit 10% Fett sind in unserer Rheumadiät empfehlenswerter als Vollmilchprodukte mit 3,5%–43% Fett.
Bei bestehender Kuhmilchunverträglichkeit empfehle ich Schafsmilch oder, auf vegetarischer Ebene, Hafer-, Reis- oder Sojamilch. Anstatt Butter kann man auch auf Diät-Pflanzenmargarine ausweichen. Halbfettbutter hat ebenfalls nur halb soviel Fett und damit halb soviel Kalorien als normale Butter (100 g Halbfettbutter beinhalten 382 kcal, 4,0 Ew, 40 g Fett, 4 g KH, 115 mg Ca, 0,9 g Linolsäure). Da der Schmelzpunkt die Verdaulichkeit bestimmt und die Butter bei ca. 45°C bereits braun wird, sollten Sie nie in Butter anbraten, wohl aber anschwitzen. Dabei soll das Produkt keine Farbe bekommen. Butterschmalz kann etwas höher erhitzt werden. Oft ist es auch zweckmäßig, Butter zur Hälfte mit Öl oder Pflanzenmargarine zu mischen. Im Rezeptteil wird mit mäßiger Zugabe von Butter oder guter Pflanzenmargarine gekocht.

Käse und Quark

Fettgehaltsstufen bei Käse werden als „Fett in der Trockenmasse“ angegeben. Bei der Herstellung von Käse ist Trockenmasse die Masse, die nach dem Entzug von Wasser übrig bleibt. Die internationale Skala der Fettgehaltsstufen reicht von einem Wert bis 9,9% Fett i.Tr. für die Magerstufe bis zu 60–85% Fett i.Tr. für die Doppelrahmstufe. Der Käse ist ein konzentriertes Milchprodukt mit viel Fett und verlangt daher eine hohe Verdauungsleistung. Daher ist es nicht empfehlenswert, am Abend eine Käseplatte (mit Weintrauben) zu essen. Auch die fetten Quarksorten mit bis zu 40% Fett eignen sich weniger als fettarme Aufstriche aus Magerquark mit 0,3% Fett i.Tr.

Pflanzenöl

Im Rezeptteil wurde bei den Marinaden in erster Linie kalt gepreßtes Olivenöl und Leinöl verwendet. An sich ist das frisch gepreßtes Leinöl das wertvollste, doch es hat einen recht eigenwilligen Geschmack und hält sich nur kurze Zeit im Kühlschrank. Daher habe ich viele Gerichte mit Olivenöl, Walnußöl, Sojaöl oder Rapsöl zubereitet. Es können aber jederzeit, bei kalten oder lauwarmen Gerichten (nicht bei heiß gekochten), die Öle getauscht werden. Sie sollten mit kaltgepreßtem Öl nicht kochen, können aber fertig gekochte Speisen – auch Suppen – mit ein paar Tropfen Öl vor dem Essen aufwerten. Zum normalen Kochen nehmen Sie am besten den warm- oder heißgepreßten Durchgang der Pressung. Ein Extra Vergine Olivenöl z.B. ist für kalte Zubereitungen (Salat-Dressing) zu empfehlen, ein Olio sasso hingegen zum Kochen. Schon beim Einkaufspreis läßt sich der unterschiedliche Wert des Öls beurteilen. So wird ein gutes Olivenöl aus Erstpressung kaum unter 30 DM zu bekommen sein.

Brauner Zucker und Honig

Zum Süßen einzelner Gerichte wird Rohzucker oder Honig verwendet. Allerdings kann damit sparsamer umgegangen werden als gewöhnlich praktiziert. Grundsätzlich braucht man fast die Hälfte weniger Zucker, wenn gut ausgereifte Früchte mit dem Rezept in Verbindung stehen. Das gilt auch für das Herstellen von hausgemachte Marmelade. Am Abend kann ein mit Honig gesüßter Kräutertee - bei entsprechender Einstellung - hervorragend munden.

Gewürze – Meersalz oder Steinsalz

An sich ist es egal, welche der beiden Salzsorten Sie zum Würzen verwenden. Meersalz sollte fein gemahlen sein, denn mit groben Salzkristallen hat man manchmal Probleme. Steinsalz sollte sehr fein gesiebt sein. Beide Salzarten sind nicht so stark industriell bearbeitet wie gewöhnliches Speisesalz. Sie sollten aber grundsätzlich mit Salz sorgsam umgehen und wenig davon verwenden. Bei Pfeffer rate ich Ihnen, diesen nur in der Pfeffermühle frisch gemahlen zu verwenden. Das gleiche gilt für frisch geriebene Muskatnuß, die ich bei meinen Basensuppen und Kartoffelspeisen gerne verwende. Beides ist mit gemahlenen, fertig gekauften Gewürzen nicht zu vergleichen.

Fisch

Frischer Fisch ist Grundvoraussetzung. Die Augen von fangfrischen Fischen sind prall und klar, nicht eingesunken oder trüb. Das Aussehen der Kiemen ist für die Beurteilung des Frischegrades ein besonders wichtiges Kriterium. Ganz frisch ist der Fisch, wenn die Kiemen leuchtend rot, die einzelnen Kiemenblättchen klar und deutlich zu erkennen und nicht verschleimt und verklebt sind. Der Geruch des Fisches läßt sich besonders gut hinter dem abgespreizten Kiemendeckel wahrnehmen. Ein frischer Fisch hat keinen sehr ausgeprägten Geruch. Daher kommt auch das Sprichwort: „Der Fisch beginnt beim Kopf zu stinken". Die Haut des Fisches soll natürlichen Glanz und Farbe aufweisen, nicht verblaßt, ohne Druckstellen und je nach Fischart normal beschuppt sein. Eine frisch gefangene Forelle „blau" zubereitet wird immer aufspringen, weil die Totenstarre nicht abgewartet wurde. Dabei entsteht durch den Abbau von Milchzucker Milchsäure. Bei Fischen, die auf Eis gelagert werden, dauert dieser Prozeß ca. 2 Tage. Allein von der Struktur her ist Fisch ein ideales tierisches Nahrungsmittel, wenn es nicht durch falsche Zubereitung und mit viel Fettzusatz wieder entwertet wird. Die Auswahl fettarmer Fische erfordert auch eine fettarme Zubereitung.

Die Morbus Bechterew-Diät auf einen Blick

Nahrungsmitteltabelle

- Meiden Sie vorerst für einige Zeit Fleisch und Wurst
- Essen Sie auch später nicht mehr als 2 mal pro Woche mageres Fleisch oder Wurst
- Essen Sie 2 mal pro Woche Fisch
- Wählen Sie fettarme Käsesorten
- Wählen Sie fettarme Milchprodukte
- Kaufen Sie Vollkorngetreide statt Weißmehl
- Eine eigene kleine Getreidemühle lohnt sich
- Vollkornnudeln, Gebäck und Teig können ohne Eigelb zubereitet werden
- Hartweizennudeln ohne Ei sind im Handel erhältlich
- Nehmen Sie Diät-Margarine
- Nehmen Sie Halbfettbutter als Aufstrich und zum Anschwitzen einzelner Speisen
- Verwenden Sie Lein-, Soja-, Weizenkeim-, Walnuß- und kaltgepreßtes Olivenöl für kalte Zubereitungen
- Nehmen Sie warmgepreßte Pflanzenöle zum Anbraten
- Süßen Sie wenig mit braunem Zucker und Bienenhonig
- Verwenden Sie frisches Gemüse je nach Saison und aus biologischem Anbau
- Verwenden Sie nach Möglichkeit nur sonnengereiftes Obst je nach Saison, nach Möglichkeit ungespritzt und unbehandelt
- Kaufen Sie frische Kräuter zum Würzen der Speisen
- Würzen Sie mit wenig Meersalz oder Steinsalz

Der Rezeptteil hat sehr exakte Angaben für kleinste Zutatenmengen. Sie sind die Voraussetzung für die Berechnung der Inhaltsstoffe, die am Ende jedes Rezeptes aufgelistet sind. Diese Berechnung stimmt aber nur dann, wenn Sie sich genau an die Mengenvorgaben der Rezepte halten. Bald haben Sie mehr Routine bei der Zusammensetzung und können auf die „Briefwaage" verzichten.

Dazu hier einige Hilfsmittel:

1 gehäufter EL Mehl	= 15 g
1 gestrichener EL Honig	= 15 g
1 gehäufter EL Grieß	= 15 g
1 gehäufter EL Bohnen getrocknet	= 20 g
1 gehäufter EL Bohnen gekocht	= 50 g
1 gehäufter EL Stärkemehl	= 15 g
1 gestrichener EL Reis roh	= 15 g
1 gehäufter EL Reis gekocht	= 25 g
2 gehäufte EL Kartoffelpüree	= 90 g
1 gehäufter EL Linsen getrocknet	= 20 g
2 gehäufte EL Linsen gekocht	= 50 g
1/2 Scheibe Vollkornbrot 1 cm dick	= 30 g
1/2 Scheibe Schwarzbrot 1 cm dick	= 25 g
1 Scheibe Knäckebrot dick	= 15 g
2 Scheiben Knäckebrot dünn	= 15 g
1 gehäufter EL Haferflocken	= 10 g
4 gehäufte EL Cornflakes	= 15 g
2 gehäufte EL Nudeln gekocht	= 50 g
3 gehäufte EL Bandnudeln gekocht	= 50 g
4 gehäufte EL Vollkornteigwaren gekocht	= 60 g
7 gehäufte EL Erbsen grün frisch	= 100 g
1 EL Öl	= 5 g
1 TL Öl	= 3 g
1 Hühnerei	= 60 g
(40 g Eiweiß und 20 g Eigelb)	
1 Liter	= ca. 1000 g
1/4 Liter	= 250 g
1/8 Liter	= 125 g
1/16 Liter	= 60 g

10 konkrete Vorschläge für die Morbus Bechterew-Diät

1. Verzichten Sie vorerst für einige Zeit auf Fleischmahlzeiten - je länger, desto besser.
   Meiden Sie Innereien, Wurst und artverwandte Produkte. Durch die Verwendung von Milchprodukten sind trotzdem alle Nährstoffe ausreichend vorhanden. Begrenzen Sie auch später Ihren Fleischkonsum auf zwei Fleischmahlzeiten (max. 100 g) pro Woche.
2. Verzichten Sie auf tierische Fette wie Schweineschmalz, Bratenfett, Gänsefett. Verwenden Sie statt dessen sparsam Halbfettbutter, Diätmargarine und pflanzliche Öle, möglichst mit günstigen Omega 3-Fettsäuren, z. B. Leinöl, Walnußöl, Rapsöl, Sojaöl, kalt gepreßt. Braten Sie mit Olivenöl, für kalte Gerichte nehmen Sie das wertvollere kaltgepreßte Olivenöl.
3. Essen Sie nicht mehr als 1–2 Eigelb pro Woche. Verwenden Sie statt dessen nur das Eiweiß von einem Hühnerei oder Sojamehl als Ei-Ersatz-Bindemittel. Achten Sie besonders darauf, keine Teigwaren zu verzehren, die mit Hühnereiern gemacht wurden. Nur deutsche Fabrikate enthalten Hühnerei, die italienischen Produkte (aus Hartweizengrieß) werden ohne Ei hergestellt.
4. Essen Sie zwei- bis dreimal pro Woche ein Fischgericht. Die Omega-3-Fettsäuren im Fischöl sind wirksame Hemmstoffe gegen Entzündungen. Sie verdrängen nicht nur die Arachidonsäure aus den Zellen, sie hemmen auch deren Umwandlung in Entzündungsvermittler. a-Linolsäure aus Leinöl, Walnußöl, Sojaöl und Rapsöl kann zu diesen Hemmstoffen aufgebaut werden und ist deshalb ebenfalls wirksam.
5. Essen Sie täglich Vollkornprodukte zur Versorgung der wichtigen Spurenelemente. z.B. Vollkornbrot, Vollkorn-Dinkelmehl, Vollkorn-Reis, Vollkornnudeln, Hafer-

flocken zum Frühstück mit Obst oder auch mit einigen Nüssen, Kuchen und Rouladen aus Vollkornmehl.

6. Milchprodukte sind wichtige Kalziumlieferanten: Es müssen aber fettarme Produkte sein, z.B. 1,5%ige Frischmilch, 1,5%iger Joghurt oder Magerjoghurt, 10%-ige saure oder 10%ige süße Sahne, Magerquark, fettarmer Frischkäse auch von der Ziege oder vom Schaf. Je niedriger der Fettgehalt (unter 40%) und je bescheidener die Menge, desto besser.
7. Verzehren Sie täglich Obst und Gemüse. Besonders zu empfehlen sind alle Wurzelgemüse (Karotten, Sellerie, Rettich, Petersilienwurzel) und eiweißreiche Hülsenfrüchte, Pilze und kalziumreiche Gemüsesorten wie Lauch, Fenchel, Brokkoli und Grünkohl. Statt Zwiebeln nehmen Sie Schalotten (weniger scharf) oder Jungzwiebeln mit Grün. Obst sollte zum Frühstück und tagsüber (nicht am Abend) gegessen werden. Obstsäfte sollen zur Hälfte mit Wasser verdünnt werden.
8. Antipasti sind kleine Vorspeisen aus Gemüse – lauwarm serviert. Diese schmackhaften Gemüsegerichte sollten Sie tagsüber als kleine Vorspeise oder auch als Hauptspeise genießen. Sie haben damit eine geeignete Alternative zu Rohkostsalaten (gärungsfreudig), die Sie am Abend nicht verzehren sollten. Gemüsesalate in gekochter Form sind nicht mehr gärungsfreudig.
9. Vermeiden Sie Lebensmittel, die Sie nicht vertragen. Jeder weiß für sich am Besten, welche Lebensmittel oder welche Zubereitungsmethode für ihn ungünstig sind, wenn beispielsweise verstärkte Gelenkschmerzen nach dem Genuß einzelner Lebensmittel auftreten. Solche Unverträglichkeiten gibt es auf Getreideprodukte (vorwiegend Weizen), Milchprodukte (Alternative: Schafsmilch, Reismilch, Hafermilch, Sojamilch), Schweinefleisch, Orangen, Erdbeeren, Fische und andere Nahrungsmittel.
10. Verzichten Sie auf Alkohol und Nikotin.

Frühstück

Das Wichtigste auf einen Blick

Das Frühstück ist die wichtigste Mahlzeit des Tages. Der ausgeruhte Körper ist aufnahmebereit für neue Nahrung. Vollkornbrote oder Vollkorngebäck aus frisch gemahlenem Getreide kann man beim Vollkornbäcker kaufen oder selber zubereiten. Wichtig ist nur, daß vollwertiges Gebäck auf den Tisch kommt. Natürlich kann zwischendurch auch einmal Gebäck aus Weißmehl gegessen werden, doch soll es nicht täglich auf den Tisch kommen. Die Ballaststoffe im Vollkorngetreide sind für die Verdauung und Ausscheidung sehr wichtig. Nur wenn eine Verdauungsschonung geplant ist, geht man kurzzeitig auf Weißmehlprodukte zurück. Viele Menschen, die Weißmehlkost gewohnt sind, vertragen Vollkornprodukte aus unterschiedlichen Gründen nicht. In diesem Fall ist ein vorsichtiger Übergang angebracht, wonach vorerst nur ein Getreide, z.B. Dinkel, und keine 5-Korn-Getreidemischung zu wählen wäre. Das feine Vollkorn-Dinkelmehl kann anfangs auch zur Hälfte mit Weißmehl gemischt werden, wodurch eine bessere Verträglichkeit gegeben ist.

Als Frühstücksgetränk ist Kaffee bei vielen nicht wegzudenken. Bohnenkaffee ist als „Säurelockerer" bekannt und sollte daher bescheiden genossen werden. Das Rösten der Kaffeebohne ist entscheidend für die Verträglichkeit. In Fällen, wo gar nicht darauf verzichtet werden kann, ist es einen Versuch wert, echten Kaffee zur Hälfte mit Getreidekaffee zu mischen, bevor man den Sprung zum gesünderen „Häferlkaffee" schafft. In Wiener Kaffeehäusern wird zum Kaffee immer ein Glas Wasser serviert, wodurch die Säure des Kaffees abgeschwächt wird. Besser bekömmlich jedoch sind gute Kräutertees oder auch unfermentierter grüner Tee.

Die Wahlmöglichkeiten zum Frühstück

(siehe Rezeptteil)

- Malzkaffee, Kaffee, Kräutertee, grüner Tee
- Haferbrei, Müsli mit Früchten, Frischkornbrei, Obst nach Saison (möglichst sonnengereift)
- Vollkorn-Mischbrote, Dinkel-Brötchen, Kuchen, Vollkornbrot
- Fettarme Käsesorten (Hüttenkäse, Kochkäse, Magerquarkaufstrich)
- Ziegen-Frischkäse, Schafs-Frischkäse, Brotaufstrich
- Magerjoghurt, Sauerrahm, entrahmte Milch
- Butter, Halbfettbutter, Diät-Pflanzenmargarine, Marmelade, Bienenhonig zum Tee
- Obst und Gemüse nach Saison

Frühstücksvorschlag 1

		kcal	EW g	F g	KH g	Ca mg	LinS g	AraS g
1 Kanne grüner Tee oder Kräutertee mit Honig und Orange oder								
1 Kanne Getreidekaffee mit Milch und evtl. braunem Zucker								
60 ml	Orangensaft	27	0,6	0	5	26	0,0	0,0
100 g	Roggenvollkornbrot	187	6,5	1	37	22	0,4	0,0
50 g	Weizenmischbrötchen	116	3,8	0	24	12	0,2	0,0
10 g	Butter/Milchhalbfett	38	0,4	4	0	12	0,1	0,0
40 g	Erdbeerkonfitüre	107	0,1	0	26	4	0,0	0,0
40 g	Kochkäse Magerstufe	34	6,1	0	2	80	0,0	0,0
150 g	Joghurt entrahmt	57	6,4	0	6	210	0,0	0,0
20 g	Grünkernschrot	65	2,2	1	13	4	0,2	0,0
150 g	Banane	142	1,7	0	32	14	0,0	0,0
150 g	Apfel	78	0,5	1	17	10	0,3	0,0
Gesamtsumme:		**851**	**28,2**	**7**	**163**	**393**	**1,3**	**0,0**

Eiweiß • 28,21 g (14%); Fett • 7,33 g (8%); Kohlenhydrate • 162,53 g (79%) ; Chol 16,3 • Hsr 184,2

Vit C 57,0 • Vit E 2,8 • Vit D 0,2 • ES 0

Frühstücksvorschlag 2

		kcal	EW g	F g	KH g	Ca mg	LinS g	AraS g
1 Kanne Kräutertee mit etwas Honig und Orangensaft oder								
1 Kanne Getreidekaffee mit Milch und evtl. braunem Zucker								
60 ml	Orangensaft	27	0,6	0	5	26	0,0	0,0
50g	Weizenbrötchen	126	3,9	1	26	10	0,2	0,0
100g	Buchweizenvollkornbrot	216	7,3	1	43	28	0,5	0,0
10g	Butter/Milchhalbfett	38	0,4	4	0	12	0,1	0,0
40g	Aprikosenkonfitüre	109	0,1	0	26	3	0,0	0,0
40g	Forelle geräuchert	48	8,7	1	0	5	0,1	0,0
100g	Tomate	17	0,9	0	3	14	0,1	0,0
120g	Joghurt entrahmt	46	5,2	0	5	168	0,0	0,0
20g	Hafer-Vollkornflocken	74	2,5	1	13	11	0,5	0,0
100g	Apfel	52	0,3	0	11	7	0,2	0,0
100g	Südfrüchte	95	1,1	0	21	9	0,0	0,0
Gesamtsumme:		**848**	**31,1**	**10**	**154**	**292**	**1,7**	**0,0**

Eiweiß • 31,08 g (15%); Fett • 9,92 g (11%); Kohlenhydrate • 153,74 g (74%) ; Chol 38,3 • Hsr 316,4
Vit C 69,4 • Vit E 4,1 • Vit D 8,2 • ES 0,1

Rezept 1

Vollkorn-Hafermüsli

4 Portionen

Zutaten
40 g Hafer-Vollkornflocken
200 g Apfel
40 g Honig
200 g Banane
250 g Joghurt entrahmt
20 g Mandel süß geröstet

Pro Portion:
kcal 194 • EW 5,7
F 4 • KH 33 • ES 0
Ca 114 • LinS 0,9
AraS 0,0 • Chol 0,6
Vit C 12,9 • Vit D 0
Vit E 1,8 • Hsr 31,2

Zubereitung:

Kaltgewalzte Haferflocken in einer Schüssel mit Joghurt und Honig verrühren. Die Banane schälen. Apfel grob raspeln, Banane in Scheibchen schneiden und beides zur Joghurtmischung geben. In 4 kleinen Schalen anrichten und mit Mandeln garnieren.

Tip:

Sie können auch andere Vollkornflocken verwenden, z.B. Hirseflocken, Dinkelflocken, Amaranth oder Roggenflocken. Das Obst kann je nach Jahreszeit beliebig gemischt werden.

Rezept 2

Quark-Leinöl-Müsli

4 Portionen

Zutaten
100 g Quark Magerstufe
20 ml Kuhmilch entrahmt
10 g Leinöl kaltgepreßt
3 g Honig
10 g Sesam geröstet
100 g Beerenobst
100 g Apfel
Zitronenmelisse zum Garnieren

Pro Portion:
kcal 91 • EW 4, 2
F 4 • KH 9 • ES 0
LinS 1,0 • AraS 1,0
Vit C 4,2 • Vit D 0
Vit E 0,5 • Chol 0,5
Hsr 10,6

Zubereitung:

1. Quark mit 2 EL kaltgepreßtem Leinöl (1a Qualität) und Milch in einer Schüssel mit einer Gabel gut verrühren. Honig und gemahlenen Sesam untermischen.
2. Das Obst waschen. Die Beeren evtl. halbieren. Apfel schälen und in kleine Würfel schneiden.
3. Das Obst mischen, in kleine Schälchen verteilen und die Quark-Leinölcreme darübergeben. Mit etwas Früchten und Zitronenmelisse garnieren.

Tip:

Sie können auch einen fettarmen, frischen Schafsquark oder Ziegenquark dafür verwenden, ebenso anstatt Kuhmilch Schafs- oder Ziegenmilch. Bei Milchunverträglichkeit ist Sojamilch, Reis- oder Hafermilch eine bewährte Alternative.

Rezept 3

Schafs-Quarkaufstrich

4 Portionen

Zutaten
250 g Schafsquark Magerstufe
10 g Leinöl kaltgepreßt
20 g Sesam geröstet
60 ml Kuhmilch entrahmt
1 g Meersalz
1 g Küchenkräuter (je nach Jahreszeit: Kresse, Majoran, Oregano, Kerbel)

Pro Portion:
kcal 104 • EW 9,8
F 5 • KH 4 • ES 0
Ca 128 • LinS 1,4
AraS 0,0 • Vit C 0,8
Vit D 0 • Chol 1,1
Vit E 0,4 • Hsr 3,7

Zubereitung:

Frischen Schafsquark in einer Schüssel mit der Gabel zerdrücken. Die frisch gehackten Küchenkräuter, das kaltgepreßte Leinöl (oder Walnuß-, Raps-, Hanf- oder Sojaöl) dazumischen und mit der Milch (evtl. Schafsmilch) gut verrühren. Im Bedarfsfall kann die Ölmenge erhöht werden. 10 g Öl entsprechen 2 EL. Gerösteten Sesam (Mandelmus oder Gomasio) einrühren und mit Meersalz gut abschmecken.

Tip:

Dieser pikante Aufstrich kann vielfältig abgewandelt werden, z.B. mit Ziegenkäse (fettarm) und kleingeschnittenen Schalotten, etwas Knoblauch und Frühlingszwiebeln oder Bärlauchstreifen. Der Aufstrich hält sich gut einige Tage im Kühlschrank.

Rezept 4

Vitaminaufstrich mit Sesam

4 Portionen

Zutaten
200 g Karotten
150 g Knollensellerie
30 g Sesam geröstet
10 g Leinöl kaltgepreßt

Pro Portion:
kcal 97 • EW 2,3
F 8 • KH 4 • ES 0
Ca 97 • LinS 2,3
AraS 0,0 • Vit C 6,8
Vit D 0 • Chol 0,2
Vit E 1,1 • Hsr 24,2

Zubereitung:

Karotten und Sellerie putzen, waschen und schälen. In kleinere Würfel schneiden. Gemüse im Kocheinsatz über Dampf weichgaren und pürieren. 2 EL Leinöl (Walnuß-, Raps- oder Sojaöl) zugeben und untermischen. Sesam in einer elektrischen Kaffeemühle mahlen und untermischen. Sollte der Aufstrich zu dünn ausfallen, weil die Karotten wässrig sind, so geben Sie etwas mehr Sellerie oder gekochte Kartoffeln dazu.

Tip:

Auch dieser Aufstrich kann gut auf Vorrat gemacht werden. Die Ableitungsmöglichkeiten sind vielfältig, z.B. mit Frischkräutern, etwas Orangen- oder Zitronensaft oder gehackten Kürbiskernen.

Rezept 5

Fisch-Brotaufstrich

4 Portionen

Zutaten
150 g Forellenfilet geräuchert
30 g Joghurt entrahmt

Pro Portion:
kcal 48 • EW 8,5
F 1 • KH 0 • ES 0,1
Ca 15 • LinS 0,1
AraS 0,0 • Vit C 0,1
Vit D 7,5 • Chol 22,2
Vit E 0,6 • Hsr 118,2

Zubereitung:

Die entgräteten und enthäuteten Forellenfilets pürieren und das Joghurt langsam dazulaufen lassen. Der Aufstrich muß eine angenehme sämige Konsistenz haben. Im Kühlschrank kann er 2–3 Tage aufbewahrt werden. Sie müssen ihn allerdings immer wieder durchrühren und etwas verdünnen, weil er im Kühlschrank anzieht.

Tip:

Ein hervorragender Aufstrich, der auch zur Hälfte mit einem anderen Fisch gemischt werden kann (z. B. Thunfisch in Wasser eingelegt oder Makrele). Bei sofortigem Verbrauch können Sie etwas feingehackten Dill oder Basilikum dazugeben. Am besten mit einem Eisportionierer anrichten.

Rezept 6

Quark-Brotaufstrich

4 Portionen

Zubereitung:

Quark mit der Milch verrühren. Feingeschnittene Frühlingszwiebeln oder Schalotten, Leinöl, feingehackte Gewürzgurken und Küchenkräuter unterheben.
Alles mit Paprikapulver, Meersalz und Pfeffer gut abschmecken.

Zutaten
250 g Quark Magerstufe
20 g Frühlingszwiebeln
20 g Gewürzgurken
60 ml Kuhmilch entrahmt
1 g Paprika edelsüß
20 g Leinöl
1 g Küchenkräuter
1 g Meersalz
1/2 TL Schnittlauch
1/2 TL Basilikumblätter
3 Salbeiblätter

Pro Portion:
kcal 107 • EW 9,1
F 6 • KH 4 • ES 0
Ca 96 • LinS 0,8
AraS 0,0 • Chol 1,5
Vit C 1,2 • Vit D 0
Vit E 0,3 • Hsr 1,4

Rezept 7

Bärlauch-Kartoffelaufstrich

4 Portionen

Zutaten
300 g Kartoffeln geschält, gegart
5 g Bärlauch
50 g Joghurt entrahmt
100 g Quark Magerstufe
2 g Küchenkräuter
Meersalz
Pfeffer aus der Mühle
Kerbel, Minze, Oregano

Pro Portion:
kcal 78 • EW 5,5
F 0 • KH 13 • ES 0
Ca 54 • LinS 0,0
AraS 0,0 • Chol 0,4
Vit C 1,2 • Vit E 0,3
Vit D 0 • Vit E 0,1
Hsr 12,3

Zubereitung:

Mehlige Kartoffeln mit Schale im Kocheinsatz weichdämpfen, pellen und noch heiß durch die Kartoffelpresse drücken. Mit fein geschnittenem Bärlauch, frisch gehackten Küchenkräutern und Joghurt mischen. Mit Salz und Pfeffer würzen. Falls die Aufstrichmasse zu dick ist, mit etwas Flüssigkeit (Gemüsebrühe, Milch oder Wasser) verdünnen.

Tip:

Dieser Aufstrich verträgt sich gut mit kaltgepreßtem Leinöl. Falls kalorisch tragbar, mischen Sie ca. 2 EL (10 g) unter die Masse.

Brot und Gebäck

Das Wichtigste auf einen Blick

Nicht jeder hat genug Zeit, selbst Brot zu backen. Köstliches Gebäck gibt es auch beim Vollkornbäcker zu kaufen. Doch kein Gebäck ist mit Selbstgebackenem vergleichbar. Schon der köstliche Duft eines würzigen Brotes oder Kuchens weckt Erwartungen. Wenn die Rezepte einfach sind und die Zubereitung auch noch schnell geht, gibt es kaum die Begründung mangelnder Zeit. Belohnt werden Sie mit unnachahmlichem Geschmack und gesundheitlichem Wert. Sie können das Brot in 45 Minuten Backzeit fertigstellen und kleine Brötchen schon in 15 Minuten. Bewahren Sie Brot und Gebäck nie in Plastik-Brotdosen oder gar in Plastiksäcken auf. Brot gehört in einen atmungsaktiven Holzbehälter. Wollen Sie auf Vorrat backen, können Sie die Gebäckstücke noch warm einfrieren. Versuchen Sie es einfach einmal!

Sie brauchen dazu:

Biologisch angebautes Getreide,
eine kleine Getreidemühle mit Naturmahlsteinen,
eine kleine Rührmaschine zum Kneten,
ein kleines Brotkörbchen aus Peddigrohr für 1 kg Brotmasse,
einen Backofen mit Umluft und evtl. umschaltbarer Ober- und Unterhitze,
die Freude, Ihr eigenes Brot zu backen und dies zu schätzen.

Wichtig:

Auch Vollkorngebäck kann gut und schlecht schmecken. Es kommt auf die Qualität und Lagerung des verwendeten Getreides an. Ein Getreidekorn kann bei falscher Lagerung muffig und schimmelig werden. Das kann auch passieren, wenn in der Haushalts-Getreidemühle sehr lange Zeit nicht gemahlen und das Mehl vom letzten Mahlen (zwischen den Steinen) ranzig wurde. In diesem Fall muß die Mühle auseinander geschraubt und mit einer trockenen Bürste gut gereinigt werden. Mahlen Sie immer auf feinster Stufe, denn die Rezepte wurden auch mit feinst gemahlenem Vollkornmehl getestet. Lassen Sie dazu die Getreidemühle ohne Inhalt leer laufen und stellen Sie das Mahlwerk fein, bis Sie das leichte Reiben der Steinflächen hören. Dann nehmen Sie die Einstellung etwas zurück und fixieren die Feststellschraube. Diese Methode ist immer verläßlicher als die Skala. Getreidemehl sollten Sie in kleinen Holzfässern mit Deckel lagern. Bedenken Sie, daß nicht nur der Nährwert der Inhaltsstoffe bei langer Lagerung abnimmt, sondern auch der Geschmack und der Duft des Mehls. Deshalb nach Möglichkeit erst kurz vor Verwendung frisch mahlen.

Rezept 8

Hausgemachtes Roggenbrot

1 kg (20 Scheiben à 50 g)

Zubereitung:

1. Das Mehl mischen, Hefe reinbröckeln, Wasser zugeben und mit der Rührmaschine gut verkneten. Gewürze und Salz zugeben und nochmals gut durchkneten.
2. Auf einem bemehlten Brett zu einer Kugel formen und in einem bemehlten Brotkörbchen ca. 1 Std. gehen lassen. Auf ein bemehltes Backblech stürzen und im vorgeheizten Ofen (mittlere Schiene) bei 200° C etwa 45 Minuten backen. Auf ein Gitter stürzen und erkalten lassen. Danach in Scheiben schneiden oder auf Vorrat einfrieren.

Tip:

Als zusätzliche Geschmacksvariante können Sie eine Hand voll gerösteter Kürbiskerne oder Sonnenblumenkerne unter den Teig mischen. Frisch gemahlenes Getreide garantiert viele wertvolle Inhaltsstoffe und besten Geschmack.

Zutaten
300 g Roggen-Vollkornmehl
300 g Weizen-Vollkornmehl (Dinkel)
40 g Hefe
400 ml (400 g) Wasser
Meersalz, Kümmel gemahlen

Pro Scheibe:
kcal 92 • EW 3,3
F 1 • KH 18 • ES 0
Ca 15 • LinS 0,3
AraS 0,0 • Chol 0
Vit C 0,0 • Vit D 0
Vit E 0,5 • Hsr 31,4

Rezept 9

Brotfladen

10 Roggen- oder Dinkelfladen

Zutaten
500 g Roggen- oder Dinkelvollkornmehl
500 ml Mineralwasser, kohlensäurereich
1 g Küchenkräuter
Meersalz, Anisgewürz

Pro Scheibe:
kcal 92 • EW 3,3
F 1 • KH 18 • ES 0
Ca 15 • LinS 0,3 •
AraS 0,0 • Chol 0
Vit C 0,0 • Vit D 0
Vit E 0,5 • Hsr 35

Zubereitung:

1. Roggen- oder Dinkelmehlmehl, Mineralwasser, Küchenkräuter, Salz und Anis in einer Schüssel gut vermischen.
2. Mit einem nassen Eßlöffel 10 gleichgroße Teigstücke auf ein mit Backpapier belegtes Backblech setzen, mit dem nassen Löffel zu Fladen streichen, evtl. mit Sonnenblumenkernen bestreuen.
3. Im vorgeheizten Backofen bei 220° C ca. 15 Minuten braun backen.
4. Auf einem Gitter auskühlen lassen (eventuell warm einfrieren).

Tip:

Diese Fladen schmecken am besten mit kurz vor Verwendung frisch gemahlenem Getreide. Abwechslung bringt die Zugabe von frisch gerösteten Zwiebeln oder Knoblauch. Anstatt Roggenmehl können Sie auch Dinkelmehl oder Mehlmischungen verwenden, z.B. 1/2 Roggen, 1/2 Dinkel oder 1/2 Dinkel, 1/2 Hirsemehl, Amaranth, Reismehl oder Hafermehl.

Rezept 10

Knoblauchbrötchen

15 Stück

Zutaten

500 g Dinkel
(sehr fein gemahlenes Dinkel-Vollkornmehl)
40 g Butter oder Margarine oder Milchhalbfett
375 ml (375 g) Kuhmilch entrahmt
42 g Hefe
20 g Knoblauch
2 g Kräutermischung
50 g Hüttenkäse Magerstufe
Meersalz
Kümmel gemahlen

Pro Brötchen:
kcal 126 • EW 5,8
F 2 • KH 21 • ES 0
Ca 37 • LinS 0,0
AraS 0,0 • Chol 4,4
Vit C 0,1 • Vit D 0
Vit E 0 • Hsr 39

Zubereitung:

1. Milch mit Butter erwärmen. Dinkelmehl, Salz, Knoblauch (gepreßt) und Kräuter in eine Rührschüssel geben und die warme Milch mit Butter, Hüttenkäse und zerbröckelte Hefe dazugeben.
2. Mit Hilfe einer Teigrührmaschine alles zu einem glatten Teig kneten und den Teig ca. ½ Stunde gehen lassen, dann zu einer Teigrolle formen.
3. 15 gleich große Stücke abschneiden und zu kleinen Brötchen formen. Die Brötchen auf ein bemehltes Backblech setzen und bei mittlerer Schiene im vorgeheizten Ofen bei 220° C ca. 15–20 Minuten backen.

Tip:

Im Frühjahr können Sie Bärlauch oder Frühlingszwiebeln statt Knoblauch nehmen. Achten Sie auch immer darauf, daß die Hitze im Ofen so hoch ist, daß das Gebäck innerhalb der ersten 10 Minuten Farbe bekommt. Andernfalls bleibt es zu lange im Ofen und wird trocken.

Salate und Salatsaucen

Das Wichtigste auf einen Blick

Auch Salat hat seine Saison. Achten Sie daher beim Einkauf darauf, denn der Geschmack frischen Salates ist unvergleichlich. Nur zu oft sieht Salat gut aus und schmeckt dann eher nach Düngemittel als nach frischem Grün. Bei Feldsalat kann man das besonders gut feststellen, wenn sie einfach daran riechen. Erst wenn das Grundprodukt „Grünsalat“ in Ordnung ist, können wir uns über die Wichtigkeit des Öls Gedanken machen.

Die wichtigste Person ist hier wieder der Bauer oder Biogärtner, der ohne chemische Düngemittel auf natürlicher Basis mit den Schädlingen fertig zu werden versucht. Ein Blatt Salat ist eine „dünnhäutige“ Sache und bietet daher eine große Angriffsfläche und Aufnahmebereitschaft. Da Salat beim Wässern Inhaltsstoffe verliert, sollte er auch nur kurz in ausreichend kaltem Wasser gewaschen und leicht geschleudert werden.

Bei Salatgemüse verhält es sich nicht anders. Sie sollten Salat nie zu lange in geschnittenem Zustand in sauerstoffreicher Luft liegen lassen. Tomaten und Gurken schmecken im Sommer am Besten, wenn sie im Freiland unter Einwirkung der Sonnenkraft gedeihen können.

Es gibt mittlerweile so viele Salatsorten und -kombinationen, daß ich mich darauf beschränken will, passende Salatdressings anzuführen, die Sie auch auf Vorrat machen können, wenn sie diese im Kühlschrank aufbewahren.

Wichtig:

- Verwenden Sie nur kaltgepreßtes Oliven- oder Leinöl, Walnußöl, Sojaöl oder Rapsöl
- Mischen Sie Olivenöl mit Leinöl, wenn Sie den Geschmack des Leinöls nicht sehr mögen
- Kaltgepreßtes Leinöl oder Leinöl aus Erstpressung hält nur einige Wochen lang
- Achten Sie auf das Ablaufdatum
- Verwenden Sie Öl aus Erstpressung nur für Salate, nicht zum Kochen
- Volle Flaschen evtl. im Keller dunkel und kühl lagern
- Angebrochenes Öl in den Kühlschrank stellen
- Olivenöl wird im Kühlschrank fest und sollte ein paar Minuten vorher aus dem Kühlschrank genommen werden
- Je nach Verbrauch kleine Flaschen oder Dosen kaufen
- Licht, Luft und Wärme verändert Fett, gutes Öl wird ranzig

Zum Salatdressing gehört auch ein guter Essig. Balsamico-Essig wird heutzutage in vielerlei Qualitäten angeboten und zählt wie der Wein zu den absoluten Spezialitäten. Zu einem Kartoffelsalat paßt aber kein im Steineichenfaß gereifter Balsamico-Essig, weil er diesen verfärbt. Für diese Zwecke eignet sich ein weißer Balsamico-Essig oder natürlich vergorener Apfelessig, der gleichermaßen in Spitzenqualität angeboten wird – aber Vorsicht, auch in minderwertiger Billigform.

Mit der Qualität von Essig und Öl steht und fällt das Dressing. Essen Sie Salat und Salatgemüse tagsüber als wertvolle Vitaminspender. Meiden Sie Salat am Abend, er zählt zur Rohkost und ist gärungsfreudig.

Rezept 11

Salatdressing – Grundsauce

Fettarme Salatgrundsauce zum Ableiten
4 Portionen

Zutaten
125 g Joghurt mit Magermilch
3 g Kräuteressig
5 g Knoblauch
2 g Küchenkräuter
Meersalz

Pro Portion:
kcal 15 • EW 1,4
F 0 • KH 2 • ES 0
Ca 52 • LinS 0,0
AraS 0,0 • Chol 0,3
Vit C 0,9 Vit D 0
Vit E 0 • Hsr 0,3

Zubereitung:

Joghurt mit sehr fein geschnittenem und zerdrücktem Knoblauch, fein gewiegten Küchenkräutern (Thymian, Basilikum, Petersilie, Oregano), Meersalz und Essig verrühren oder mit dem Stabmixer aufmixen.

Tip:

Dieses Dressing hält sich tagelang im Kühlschrank. Statt Essig können Sie auch Zitronensaft verwenden! 1 TL Senf oder 1 EL Oliven- oder Walnußöl macht das Dressing noch würziger.

Rezept 12

Salatgrundsauce mit Sauerrahm

4 Portionen

Zutaten
60 g saure Sahne 10% Fett
60 g Joghurt mit Magermilch
2 g Zitronenmelisse
5 g Zitrone
20 g Zwiebeln
5 g Knoblauch
Meersalz

Pro Portion:
kcal 28 • EW 1,3
F 2 • KH 2 • ES 0
Ca 43 • LinS 0,0
AraS 0,0 • Chol 5,7
Vit C 1,8 • Vit D 0
Vit E 0,1 • Hsr 1,3

Zubereitung:

1. Feingeschnittene Frühlingszwiebeln und Knoblauch mit Joghurt im Mixglas aufmixen. Salzen, Zitronenmelisse-Blätter zugeben und noch einmal gut durchmixen.
2. Zuletzt die saure Sahne zugeben und kurz durchmischen.

Tip:

Dieses Dressing hält im Kühlschrank tagelang. Versuchen Sie es auch einmal mit frischen Minzeblättern, Bachkresse oder Kerbel. Wenn Sie 1 EL gutes, kaltgepreßtes Olivenöl oder Leinöl untermischen, wird das Dressing in Bezug auf die Kalorien aufgewertet.

Rezept 13

Joghurt-Senfdressing

Für Blattsalate
4 Portionen

Zutaten

100 ml Joghurt mit Magermilch
20 g Senf
20 g Weinessig
5 g Zitronenmelisse
0,1 g Pfeffer weiß
Meersalz

Zubereitung:

Alle Zutaten im Mixglas mixen. Zitronenmelisse-Blätter zuletzt kurz mitmixen und mit Salz und Pfeffer aus der Mühle würzig abschmecken. Nach Bedarf kann man 1 EL kaltgepreßtes Olivenöl oder Leinöl (Haltbarkeit ca. 8 Wochen) untermischen.

Pro Portion:
kcal 16 • EW 1,5
F 0 • KH 2 • ES 0
Ca 43 • LinS 0,0
AraS 0,0 • Chol 0,2
Vit C 0,8 • Vit D 0
Vit E 0 • Hsr 0,2

Rezept 14

Grüne Sauce

Für Salate und zum Marinieren
4 Portionen

Zutaten

10 g Küchenkräuter
50 g Quark Magerstufe
30 g Joghurt entrahmt
10 g Leinöl
Weißer Pfeffer aus der Mühle
Meersalz

Zubereitung:

Magerquark, Joghurt, Leinöl und fein gewiegte Küchenkräuter im Mixglas aufmixen und mit Salz und Pfeffer aus der Mühle gut abschmecken.

Pro Portion:
Kcal 36 • EW 2,1
F 3 • KH 1 • ES 0
Ca 31 • LinS 0,3
AraS 0,0 • Chol 0,2
Vit C 1,2 • Vit D 0
Vit E 0,2 • Hsr 0,4

Tip:

Achten Sie auf frisch gepreßtes Leinöl und bewahren Sie dieses immer im Kühlschrank auf. Leinöl wird schnell bitter und ranzig (Haltbarkeit ca. 2 Monate). Früher wurde bei uns Leinöl beim Bauern in eigenen Mühlen gepreßt. Es war das Öl der armen Leute.

Rezept 15

Sauce Vinaigrette

Für Salate und zum Marinieren
4 Portionen

Zutaten
20 g Knoblauch
1 g Estragon
1 g Kerbel
1 g Basilikum
10 g Weinessig
20 g kaltgepr. Olivenöl (oder Kürbiskernöl)
Pfeffer frisch gemahlen
Meersalz

Pro Portion:
kcal 49 • EW 0,3
F 5 • KH 1 • ES 0
Ca 4 • LinS 0,0
AraS 0,0 • Chol 0,1
Vit C 0,8 • Vit D 0
Vit E 0 • Hsr 0,8

Zubereitung:

Fein geschnittenen Knoblauch mit Olivenöl, Weinessig und fein gewiegten Küchenkräutern im Mixglas aufmixen und mit Salz und Pfeffer aus der Mühle gut abschmecken. Hält sich tagelang im Kühlschrank.

Rezept 16

Kopfsalat mit Sauerampfer und Fenchel

4 Portionen

Zutaten
200 g Kopfsalat
150 g Fenchel
10 g Sauerampfer
10 g Zitronensaft
50 g Joghurt entrahmt
5 g Kräuteressig
Meersalz, Pfeffer frisch gemahlen

Pro Portion:
kcal 23 • EW 2,1
F 0 • KH 3 • ES 0
Ca 78 • LinS 0,1
AraS 0,0 • Chol 0,1
Vit C 42,9 • Vit D 0
Vit E 2,6 • Hsr 13

Zubereitung:

1. Kopfsalat putzen, waschen, gut abtropfen lassen. Fenchel putzen, waschen, äußere Schalen entfernen, Knolle halbieren, Strunk entfernen. In Streifen schneiden. Sauerampferblätter waschen, abtropfen und in Streifen schneiden.
2. Joghurt mit Salz, Pfeffer, Essig und Zitronensaft verrühren und den Salat damit vermischen.

Tip:

Ob Kopfsalat, Feldsalat oder Eissalat, jeder kann mit anderen Salat- oder Gemüsesorten gemischt werden. Das Dressing ist variabel. 1 EL kaltgepreßtes Öl (Walnuß-, Soja-, Lein- oder Olivenöl) kann immer untergemengt werden.

Gemüsebrühe

Das Wichtigste auf einen Blick

Wenn Sie eine wertvolle und gut schmeckende Gemüsebrühe, einen Gemüsefond oder einen Gemüsesud machen wollen, so ist die unbehandelte Qualität des verwendeten Gemüses, durch biologischen Anbau unserer Biobauern, das Allerwichtigste.

Um aus gut gereinigtem Gemüse ein gutes Aroma zu erzielen, ist auch die Mischung der verwendeten Gemüsesorten von großer Bedeutung. Verwenden Sie nur kräftige Gemüsesorten, wie im Rezeptteil angeführt. Zucchini und Auberginen wären für diesen Zweck völlig ungeeignet. Je kleiner das Gemüse mit der gut gebürsteten Schale geschnitten ist, desto kräftiger wird der Geschmack. Verwenden Sie dazu auch das Grüne der Sellerieknolle, vom Fenchel oder Kohlrabi und stellen Sie immer kalt auf. Die Gemüsemischung kann auf Vorrat in kleine Beutel verpackt eingefroren werden.

Da bei den Rezepten mit vielen frischen Küchenkräutern gearbeitet wird, wobei zumeist nur die feinen Blättchen verwendet werden, sollten Sie die Stiele dieser Küchenkräuter für die Gemüsebrühe weiter verwenden. Kohlrabi oder Blumenkohl läßt sich besser kochen als dämpfen, daher verwenden Sie den dabei entstandenen Gemüsesud weiter, indem Sie ihn einfach unter die Brühe mischen. Nach längerem Stehen wird die Brühe trüb und schärfer. Das passiert auch, wenn die Brühe am Herd reduziert, d.h. einkocht. Daher rate ich Ihnen, die Gemüsebrühe vorerst nicht zu salzen, sie kann dann besser weiterverwendet werden. In dieser Form eignet sich die Brühe auch als Getränk hervorragend. Eventuell kann man etwas pflanzliche Gemüse-Streuwürze zugeben, damit der Geschmack abgerundet wird. Wird die Brühe zu einer schmackhaften Gemüsebouillon weiterverarbeitet, so wird auch gesalzen. Mit ein paar Tropfen Sojasauce kann der Effekt einer kräftigen Brühe (ähnlich einer Rinderbrühe) unterstrichen werden.

2–3 Tropfen kaltgepreßtes Olivenöl kurz vor dem Servieren obenauf sorgen dafür, daß nicht mehr Augen hineinschauen als heraus. Das nach dem Absieben zurückbleibende Gemüse kann (aufgefangen durch ein Haarsieb) zur weiteren Verwendung als Aufguß (2. Sud) noch einmal mit kaltem Wasser aufgestellt werden. Danach wird das ausgekochte Gemüse weggeworfen. Die ungewürzte Gemüsebrühe hält sich einige Tage im Kühlschrank und sollte nicht eingefroren werden.

Wenn Sie frisches Gemüse mit kaltem Wasser aufstellen, empfehle ich Ihnen, den ersten Sud wie einen Gesundheitstee zu genießen. Den zweiten Sud nehmen Sie dann zum Kochen.

Rezept 17

Leichte Gemüsebrühe

3 Liter

Zutaten
3 l Trinkwasser
200 g Bleichsellerie
200 g Knollensellerie
200 g Wurzelpetersilie
200 g Möhren
200 g Fenchel
2 Lorbeerblätter
8 Pfefferkörner
Stiele von Küchenkräutern
Selleriegrün

Pro ¼ l:
kcal 24 • EW 1,5
F 1 • KH 3 • ES 0
Ca 56 • LinS 0,2
AraS 0,0 • Chol 0
Vit C 26 • Vit D 0
Vit E 1,6 • Hsr 27

Zubereitung:

1. Sehr sauber gewaschenes oder gebürstetes Gemüse aus biologischem Anbau sehr klein schneiden oder hacken (das Grün mitverwenden), mit kaltem Wasser aufgießen, Gewürze zugeben und zum Kochen bringen.
2. Etwa 20 Minuten köcheln lassen, dann die Brühe durch ein Haarsieb gießen und trinken. Gemüse noch einmal mit kaltem Wasser aufstellen und den nächsten Sud zum Aufgießen einzelner Gerichte verwenden. Erst nach dem zweiten oder dritten Aufguß das Gemüse wegwerfen.

Tip:
Diese Brühe ist bei allen Rezepten die Grundlage statt Rinder-, Hühner- oder Fischbrühe (säurereich). Kräftiger gewürzt, gesalzen und mit 5 Tropfen Sojasauce und kaltgepreßtem Öl abgeschmeckt ist es eine gute Alternative zur Fleischbrühe herkömmlicher Art.

Rezept 18

Kräftige Gemüsebrühe

Grundrezept, geeignet für Gemüsebouillon
3 Liter

Zutaten
3 l Trinkwasser
150 g Lauch
50 g Zwiebelgemüse
200 g Fenchel
200 g Bleichsellerie
200 g Möhren
200 g Wurzelpetersilie
10 g Petersilie
100 g Knollensellerie
5 g vegetarische Streuwürze
5 ml (5 g) Sojasoße
Stiele von Küchenkräutern
Selleriegrün
Fenchelgrün
2 Lorbeerblätter
8 Pfefferkörner
Meersalz

Pro ¼ l:
kcal 41 • EW 1,9
F 2 • KH 4 • ES 0
Ca 65 • LinS 0,4
AraS 0,0 • Chol 0
Vit C 29 • Vit D 0
Vit E 1,8 • Hsr 29

Zubereitung:

1. Das gut gewaschene und eventuell gebürstete Gemüse aus biologischem Anbau mit der Schale und mit dem Grün sehr klein schneiden und mit kaltem Wasser und den Gewürzen zum Kochen bringen.
2. Nach ca. 20 Minuten köcheln wird die Brühe durch ein Haarsieb gesiebt und mit Meersalz und Sojasauce (und eventuell 3 Tropfen kaltgepreßtem Öl) gut abgeschmeckt. Mit kaltgepreßtem Öl kann man der Suppe „Augen“ geben.

Tip:

Gut gewürzt schmeckt die Gemüsebrühe wie eine Rinderbrühe. Alle herkömmlichen Suppeneinlagen können hier Verwendung finden. Bei kleineren Haushalten ist es empfehlenswert, das kleingeschnittene Frischgemüse in kleine Beutel verpackt einzufrieren und dann bei Bedarf immer frisch zuzusetzen. Die Brühe selber eignet sich nicht zum Einfrieren, da sie dunkel und grau wird. Sie hält aber, frisch zubereitet, auch einige Tage im Kühlschrank. Vor neuerlichem Gebrauch mit etwas Wasser verdünnen.

Basensuppen aus Kartoffeln und Gemüse

Das Wichtigste auf einen Blick

„Aus Kartoffeln kann man alles machen", sagt der Volksmund. Das ursprünglich als Zierpflanze genutzte Nachtschattengewächs, das im 18. Jahrhundert als Gemüse entdeckt wurde, hat inzwischen Karriere gemacht.

Die Kartoffel wird zu Unrecht als Dickmacher bezeichnet (100 g haben nur 75 Kalorien). Dies ist nur dann der Fall, wenn die Kartoffeln mit zuviel Fett zubereitet werden. Die nötige Sorgfalt bei der Auswahl und Zubereitung eines Kartoffelgerichtes ist auch hier ausschlaggebend für leichte Bekömmlichkeit. In der Liste der basenüberschüssigen Lebensmittel steht die Knolle ganz oben. Unsere Biobauern bringen mittlerweile vorzügliche Kartoffelsorten auf den Markt. Sie können den Unterschied im Geschmack am besten selbst feststellen.

Vorwiegend festkochende Kartoffelsorten sind die idealen Pellkartoffeln – mit Salz und Butter schmecken sie ausgezeichnet. Sie eignen sich auch gut für Salate, Aufläufe und Gratins. Als vorwiegend festkochend bezeichnet man Sorten, die eine mittelfeste bis leicht mehlige Konsistenz aufweisen; sie sind ideal als Beilage, für Gerichte mit viel Sauce, als Salz-, Pell- und Bratkartoffeln.

Ideal für Suppen, Pürees, Klöße, Reibekuchen und Rösti sind „mehligkochende" Kartoffeln wegen ihres hohen Stärkegehalts. Zu den schmackhaftesten bzw. bekanntesten zählen folgende in- und ausländische Sorten: Sieglinde, Christa, Linda, Clivia, Granola, Bamberger Hörnle, Maja, Nicola, Quarta, Grata, Aula, Bintje, Spunta, Primura, Roseval. Sie eignen sich hervorragend für alle nun folgenden Basensuppen, wobei die pürierten Kartoffeln die Bindung der (gewöhnlich mit Mehl gebunden) Suppen bewirken. Durch den Aufguß mit Gemüsebrühe (statt klassisch mit Fleischbrühe = säurenüberschüssig) entsteht ein ideales Basenprodukt mit besonders leichter Bekömmlichkeit.

Die Suppen werden vorwiegend mit fettarmem Joghurt vermischt, damit die optische Farbe der Suppe freundlicher wird. Sie können auch Sauerrahm (10%) nehmen. Die Suppe darf allerdings mit Sauermilchprodukten vermischt nicht mehr zum Kochen gebracht werden, weil sie sonst ausflockt. Anders ist es, wenn Sie Sahne (10%) nehmen. Wenn Kuhmilch-Produkte nicht in Frage kommen (was häufig der Fall ist), dann empfehle ich frische Schafsmilch. Auf pflanzlicher Ebene steht uns die ungezuckerte Reismilch, Hafermilch oder Sojamilch zum Abrunden des Geschmacks zur Verfügung. Fällt dies alles weg, dann kann man trotzdem mit Kartoffeln und Gemüse hervorragende Suppen zubereiten, nur das Aussehen ändert sich etwas. Durch die Verwendung von vielen frischen Kräutern (wie im Rezeptteil beschrieben) kann aber auch hier vieles ausgeglichen werden.

Sämtliche Suppen im Rezeptteil können, falls erforderlich, genauso ohne Fett zubereitet werden. Die Verwendung von Fett ist sparsam gewählt. Zur Aufbesserung der Kalorienzahl können die Suppen kurz vor dem Servieren mit gutem kaltgepreßten Öl angereichert werden.

Rezept 19

Frischkräutersuppe

4 Portionen

Zutaten
300 g Kartoffeln geschält
50 g Lauch
20 g Halbfettbutter
5 g Zitronenmelisse
50 g Joghurt entrahmt
750 ml Wasser
Meersalz
Muskatnuß frisch gerieben
etwas pflanzliche Streuwürze
weißer Pfeffer frisch gemahlen
1 EL frisch gehackte Frühlingskräuter

Pro Portion:
kcal 87 • EW 2,6
F 3 • KH 12 • ES 0
Ca 36 • LinS 0,2
AraS 0,0 • Chol 0,3
Vit C 16,1 • Vit D 0
Vit E 0,2 • Hsr 17

Zubereitung:

1. Kleingeschnittene, mehlige Kartoffeln mit kleingeschnittenem Lauch in einem Kochtopf mit Butter andünsten, salzen, Streuwürze zugeben und mit Gemüsebrühe (Rezept 17/18) oder Wasser aufgießen. Bei mäßiger Hitze weichkochen.
2. Im Mixglas mit Joghurt, Muskat und Blättern von frischer Zitronenmelisse und Frühlingskräutern aufmixen und mit Salz und Pfeffer gut abschmecken.

Tip:

Für den Geschmack der Suppe sind gute, mehlige Kartoffelsorten (Sigma, Bintje) ausschlaggebend. Niemals zum Pürieren speckige Kartoffeln nehmen! Frischkräuter wie Kerbel, Majoran, Thymian, Oregano oder Wildkräuter wie Bachkresse oder Löwenzahn sorgen für weitere Abwechslung.

Rezept 20

Möhrensuppe

4 Portionen

Zubereitung:

1. Kleingeschnittene Zwiebeln in einem Kochtopf mit Butter andünsten. Kleingeschnittene, geschälte Karotten zugeben, salzen, Streuwürze zugeben und mit Gemüsebrühe (Rezept 17/18) oder Wasser auffüllen. Bei mäßiger Hitze weichkochen lassen.
2. Im Mixglas mit Joghurt, fein gewiegten Küchenkräutern (Oregano, Petersilie, Kerbel) und Muskatnuß aufmixen und gut abschmecken.

Tip:

Achten Sie auf gute, saftige Möhren, dann brauchen Sie auch keinen Honig um nachzuwürzen. Eventuell einen Spritzer Weißwein in die Suppe geben und mit separat gedämpften Möhrenscheiben und Oreganoblättchen garnieren.

Zutaten

350 g Möhren
50 g Zwiebeln
10 g Halbfettbutter
2 g Küchenkräuter
750 ml Wasser
20 g Joghurt entrahmt
Meersalz
Muskatnuß frisch gerieben
etwas pflanzliche Streuwürze

Pro Portion:
kcal 75 • EW 1,4
F 5 • KH 5 • ES 0
Ca 51 • LinS 0,8
AraS 0,0 • Chol 1
Vit C 7,7 • Vit D 0,1
Vit E 0,2 • Hsr 15

Rezept 21

Rote Bete-Suppe

4 Portionen

Zutaten
300 g rote Beete
100 g Kartoffeln geschält (mehlige Sorte)
50 g Zwiebeln
10 g Halbfettbutter
750 ml Wasser
20 g Joghurt entrahmt
2 g Küchenkräuter
10 g Honig
10 g Meerrettich
3 g Kräuteressig
Meersalz
Kümmel gemahlen
etwas pflanzliche Streuwürze
Pfeffer frisch gemahlen

Pro Portion:
kcal 106 • EW 2,0
F 5 • KH 13 • ES 0
Ca 37 • LinS 0,4
AraS 0,0 • Chol 2
Vit C 13,9 • Vit D 0
Vit E 0,1 • Hsr 18

Zubereitung:

1. Rote Bete mit Schale weichkochen oder dämpfen. Auskühlen lassen, schälen und kleinschneiden. In einem Kochtopf erst kleingeschnittene Schalotten oder Zwiebeln in Butter andünsten, dann kleingeschnittenen Kartoffeln mitdünsten, salzen, Streuwürze zugeben, mit Gemüsebrühe (Rezept 17/18) oder Wasser auffüllen und alles weichkochen.
2. Im Mixglas mit Joghurt, Kümmel, kleingeschnittener roter Beete, Honig und den fein gewiegten Küchenkräutern (Thymian, Majoran) aufmixen. Mit Essig und sehr fein geraspeltem Meerettich gut abschmecken. Anrichten und mit einem Klecks Joghurt und ein paar Majoranblättchen garnieren.

Tip:

Eventuell ein paar gedämpfte, kleingeschnittene Rote Bete-Würfel als Einlage zurückbehalten. Die Rote Bete kann auch schon am Vortag gekocht und vorbereitet werden.

Rezept 22

Tomatensuppe

4 Portionen

Zubereitung:

1. Feingeschnittene Schalotten in einem Kochtopf mit Butter andünsten. Tomatenstrünke entfernen, Fruchtfleisch vierteln und dazugeben. Mit Gemüsebrühe (Rezept 17/18) oder Wasser auffüllen, Streuwürze zugeben, salzen und ca. 15 Minuten leise köcheln lassen.
2. Im Mixglas mit frischen Basilikumblättern, Joghurt, Küchenkräutern, Salz, Honig und Pfeffer aus der Mühle aufmixen und gut abschmecken. Anrichten und mit je einem Klecks Joghurt und ein paar frischen Kräuterblättchen garnieren.

Tip:

Sie können die Tomatensuppe mit in der Schale gedämpften Kartoffeln abbinden, falls die Suppe zu dünnflüssig ist. Im Winter gute Dosentomaten (ohne Konservierungsmittel) verwenden.

Zutaten

400 g Tomaten
80 g Schalotten
750 ml Wasser
3 g Basilikum
10 g Butter oder Margarine oder Milchhalbfett
20 g Joghurt entrahmt
40 g Honig
1 g Küchenkräuter
Salz und Pfeffer frisch gemahlen
etwas pflanzliche Streuwürze

Pro Portion:
kcal 95 • EW 1,7
F 4 • KH 12 • ES 0
Ca 35 • LinS 0,5
AraS 0,0 • Chol 5
Vit C 26,5 • Vit D 0
Vit E 0,1 • Hsr 13

Rezept 23

Selleriesuppe

4 Portionen

Zutaten
300 g Knollensellerie
50 g Lauchzwiebeln
10 g Sauerrahmbutter
750 ml Wasser
20 g Joghurt entrahmt
1 g Küchenkräuter
Meersalz
Muskatnuß frisch gerieben
weißer Pfeffer frisch gemahlen
2 EL frisches Selleriegrün
etwas pflanzliche Streuwürze

Pro Portion:
kcal 40 • EW 1,6
F 2 • KH 3 • ES 0
Ca 78 • LinS 0,0
AraS 0,0 • Chol 6
Vit C 9,5 • Vit D 0
Vit E 0,5 • Hsr 24

Zubereitung:

1. Sellerieknolle unter fließendem Wasser sauber bürsten, schälen (Schalen für Gemüsebrühe weiterverwenden) und klein schneiden. Selleriegrün kleinschneiden und zur Seite legen.
2. Frühlingszwiebeln oder Lauch kleinschneiden, in einem Kochtopf mit Butter kurz anschwitzen und mit Gemüsebrühe (Rezept 17/18) oder Wasser auffüllen. Streuwürze und Salz zugeben und bei kleiner Hitze weichkochen.
3. Im Mixer mit Selleriegrün, Küchenkräutern, Joghurt und Muskatnuß gut aufmixen und abschmecken. Falls die Suppe zu dick ist, etwas Brühe oder Wasser zugeben und abschmecken. (Zu dünne Suppe notfalls mit gekochtem Sellerie oder Kartoffeln eindicken.)

Tip:

Gemüsebrühe ist als Aufguß immer besser als Wasser, steht aber nicht immer zur Verfügung. Daher können Sie notfalls auch Wasser mit etwas pflanzlicher Streuwürze zum Aufgießen verwenden. Kleine, gedämpfte Selleriewürfelchen passen gut als Einlage in die Suppe. Grobgeschnittenes Selleriegrün zum Garnieren nehmen.
Fettarmer Sauerrahm (10%) kann wie Joghurt verwendet werden. Bei Kuhmilchunverträglichkeit nimmt man statt dessen Hafermilch, Reismilch oder Sojamilch.

Rezept 24

Liebstöckelsuppe

4 Portionen

Zutaten

300 g mehlige Kartoffeln geschält
50 g Lauchzwiebeln
10 g Butter oder Margarine oder Milchhalbfett
10 g Liebstöckel
100 g Wurzelpetersilie frisch
1 l Gemüsebrühe (Rezept 17/18)
Salz und Pfeffer frisch gemahlen
Muskatnuß frisch
Liebstöckelblättchen zum Garnieren

Pro Portion:
kcal 78 • EW 2,6
F 1 • KH 14 • ES 0
Ca 38 • LinS 0,1
AraS 0,0 • Chol 0
Vit C 27,3 • Vit D 0
Vit E 0,6 • Hsr 16

Zubereitung:

1. Kartoffeln klein würfeln. Lauchzwiebeln gut waschen und in feine Ringe schneiden. Liebstöckel grob schneiden. Petersilienwurzel putzen, waschen und in kleine Würfel schneiden.
2. Butter in einem Kochtopf schmelzen lassen. Lauchringe darin anschwitzen. Kartoffelstücke zugeben, kurz mitschwitzen, salzen und mit Gemüsebrühe aufgießen. Zugedeckt bei kleiner Hitze etwa 15 Minuten weichkochen lassen. Ca. 5 Minuten vor dem Garwerden der Kartoffeln die Petersilienwurzeln dazugeben. Liebstöckel untermischen und die Suppe mit Salz, Pfeffer und Muskatnuß gut abschmecken.

Tip:

Die Suppe kann durch Zugabe von 20 g Sahne (10%) noch verfeinert werden. Wenn Sie auch noch ein paar Karottenwürfel in die Suppe geben, gibt es ein schönes Farbenspiel.

Rezept 25

Thymian-Basensuppe

4 Portionen

Zutaten
300 g mehlige Kartoffeln geschält
50 g Lauchzwiebeln
10 g Butter oder Margarine oder Milchhalbfett
2 g Thymian
20 ml Sahne 10% Fett
100 g Karotten
1 l Gemüsebrühe (Rezept 17/18)
Salz und Pfeffer frisch gemahlen
Muskatnuß frisch gerieben
Thymianblättchen für die Garnierung

Pro Portion:
kcal 86 • EW 2,1
F 2 • KH 14 • ES 0
Ca 42 • LinS 0,2
AraS 0,0 • Chol 9
Vit C 17,8 • Vit D 0
Vit E 0,4 • Hsr 18

Zubereitung:

1. Kartoffeln klein würfeln. Lauch gut waschen und in Ringe schneiden. Karotten putzen, waschen und sehr klein würfeln. Thymian von den Stielen zupfen und die Blättchen grob schneiden (Thymianstiele für Gemüsebrühe weiterverwenden).
2. Butter in einem Kochtopf schmelzen lassen und die Lauchringe darin anschwitzen. Kartoffelwürfel zugeben, salzen und mit Gemüsebrühe aufgießen. Zugedeckt bei nicht zu starker Hitze etwa 15 Minuten weichkochen lassen. 5 Minuten vor dem Garwerden der Kartoffeln die Karottenwürfel zugeben und mitkochen lassen.
3. Die Suppe mit Thymianblättchen, Salz, Pfeffer und Muskatnuß gut abschmecken. Sahne (kann auch steif geschlagen sein) untermischen, anrichten und mit den zurückbehaltenen Thymianblättchen garnieren.

Tip:

Die verwendeten (mehligen) Kartoffeln sind für den Geschmack der Suppe entscheidend. Je kleiner die Kartoffeln geschnitten sind, desto schneller ist die Suppe fertig. Verschiedene Küchenkräuter lassen die Suppe immer wieder anders schmecken. Wird die Suppe gemixt, werden die Karottenwürfelchen extra gedämpft und nach dem Pürieren dazugegeben.

Rezept 26

Hirsesuppe mit Karotten

4 Portionen

Zutaten

100 g Hirse
ganzes Korn
80 g Lauchzwiebeln
20 g Butter oder
Margarine oder
Milchhalbfett
60 ml Sahne 10% Fett
1 g Küchenkräuter
100 g Karotten
1 l Gemüsebrühe
(Rezept 17/18)
Steinsalz
Pfeffer frisch gemahlen

Zubereitung:

Karotten waschen, schälen und in kleine Würfel schneiden. Lauchzwiebeln putzen, gut waschen und in Ringe schneiden. Im Kochtopf mit Butter anschwitzen. Hirse und Karottenwürfel zugeben, kurz mitschwitzen lassen, salzen und mit Gemüsebrühe aufgießen. Etwa 20 Minuten leicht köcheln lassen. Sahne und fein gehackte Kräuter zugeben und mit Salz und Pfeffer gut abschmecken.

Tip:

Sie können auch mehrere Sorten von kleingeschnittenem Wurzelgemüse zur Suppe geben. Achten Sie aber auf unterschiedliche Garzeiten (z. B. Zucchini und Fenchelwürfel nur 5 Minuten mitkochen).

Pro Portion:
kcal 140 • EW 3,4
F 5 • KH 20 • ES 0
Ca 66 • LinS 0,6
AraS 0,0 • Chol 13
Vit C 7,2 • Vit D 0
Vit E 0,4 • Hsr 23

Rezept 27

Kürbissuppe mit Kernöl

4 Portionen

Zutaten
300 g Muskat-Gartenkürbis
150 g mehlige Kartoffeln geschält
20 g Butter oder Margarine oder Milchhalbfett
80 g Lauchzwiebeln
20 ml Sahne 10% Fett
2 g Meersalz
20 g Kürbiskern
10 g Kürbiskernöl
1 g Petersilienblatt
1 l Gemüsebrühe (Rezept 17/18)
Pfeffer frisch gemahlen
Muskatnuß
Sauerrahm und Petersilie zum Garnieren

Pro Portion:
kcal 120 • EW 2,9
F 8 • KH 10 • ES 0
Ca 59 • LinS 2,6
AraS 0,0 • Chol 9
Vit C 20,1 • Vit D 0
Vit E 0,8 • Hsr 14

Zubereitung:

1. Kürbis von der Schale befreien und das Fleisch in kleine Würfel schneiden. Kartoffeln ebenso in kleine Würfel schneiden. Lauchzwiebeln putzen, waschen und in Ringe schneiden. Petersilie fein hacken.
2. Butter in einem Kochtopf schmelzen, Lauchzwiebeln darin anschwitzen. Kürbis und Kartoffelwürfel zugeben, ebenfalls kurz anschwitzen, salzen und mit Gemüsebrühe aufgießen. Bei offenem Topf etwa 10–15 Minuten weichkochen lassen. Dann die Sahne zugießen und mit Salz, Pfeffer und Muskatnuß gut abschmecken. Petersilie untermischen. Die Suppe im Mixer pürieren und in 4 vorgewärmten Tellern anrichten. Mit den feingehackten Kürbiskernen bestreuen, das Kernöl tropfenweise darüber verteilen und mit einem Klecks Sauerrahm und Petersilie garnieren.

Tip:

Sie können auf die angerichtete Suppe auch 1 TL steif geschlagene Sahne geben. Die Suppe kann auch ungemixt serviert werden. Um ein volles Kürbisaroma zu erhalten, ist die Jahreszeit (Herbst) und die Qualität (gelber Muskat-Kürbis) entscheidend.

Rezept 28

Fenchelsuppe

4 Portionen

Zutaten

400 g Fenchel
150 g mehlige Kartoffeln geschält
20 g Butter oder Margarine oder Milchhalbfett
80 g Lauchzwiebeln
1 l Gemüsebrühe (Rezept 17/18)
2 g Meersalz
20 ml Sahne 10% Fett
Pfeffer frisch gemahlen
Muskatnuß frisch gerieben
fi TL Zitronensaft
Kleingeschnittenes Fenchelgrün

Pro Portion:
kcal 85 • EW 3,7
F 3 • KH 10 • ES 0
Ca 151 • LinS 0,2
AraS 0,0 • Chol 9
Vit C 104,4 • Vit D 0 • Vit E 6,1 • Hsr 25

Zubereitung:

1. Fenchel putzen, evtl. äußere Schalen entfernen. Fenchelknolle halbieren, von beiden Hälften den Strunk keilförmig herausschneiden. Fenchel in 2–3 mm starke Streifen schneiden. Lauchzwiebeln putzen, waschen und in Ringe schneiden. Fenchelgrün und zarte Stielansätze kleinschneiden und für die Garnierung zur Seite stellen. Kartoffeln in kleine Würfel schneiden.
2. Butter im Kochtopf schmelzen lassen und Lauchzwiebeln darin glasig anschwitzen. Fenchelstreifen und kleingeschnittene Kartoffelwürfel zugeben, kurz mitanschwitzen, salzen und mit Gemüsebrühe auffüllen. In ca. 10–15 Minuten weichkochen (ohne Deckel). 2 Minuten vor dem Garwerden der Suppe das Fenchelgrün und die Sahne dazugeben. Mit Salz, Pfeffer und Muskatnuß abschmecken und anrichten.

Tip:

Sie können diese Suppe auch im Mixer oder mit dem Mixstab pürieren. In diesem Fall muß das Gemüse nicht so exakt geschnitten sein. Ein kleiner Tupfer geschlagene Sahne macht sich gut auf der servierfertigen Suppe.

Rezept 29

Minestrone

6 Portionen

Zutaten
200 g Bleichsellerie
200 g Möhren
300 g Kartoffeln
200 g Erbsen gegart
120 g Bohnen weiß
150 g Blumenkohl
120 g Zucchini
150 g Lauch
400 g Tomaten
20 g Butter halbfett
10 ml (10 g) Olivenöl
2 l Trinkwasser
5 g vegetarische Suppenwürze
80 g Suppennudeln ohne Ei
100 g Frühlingszwiebeln
5 g Knoblauch (2 Zehen)
1 g Petersilie
Meersalz
weißer Pfeffer frisch gemahlen

Pro Portion:
kcal 304 • EW 14,5
F 9 • KH 40 • ES 0
Ca 132 • LinS 1,4
AraS 0,0 • Chol 18
Vit C 58,3 • Vit D 0
Vit E 1,9 • Hsr 144

Zubereitung:

Das Gemüse waschen und wie folgt vorbereiten: Staudensellerie, Karotten und Kartoffeln schälen und in Scheiben schneiden. Erbsenschoten und Bohnenkerne auspalen. Blumenkohl in kleine Röschen zerteilen und Zucchini in Scheiben schneiden. Lauch in Ringe schneiden und nochmals waschen. Tomaten abziehen, entkernen und in Streifen schneiden. Butter und Olivenöl in einem Topf erhitzen. Staudensellerie, Karotten, Kartoffeln, Erbsen, Bohnenkerne und Blumenkohl zugeben und würzen. Kurz mitschwitzen, mit Wasser auffüllen, pflanzliche Streuwürze zugeben und aufkochen lassen. Die Nudeln hinzufügen. Nach 5–8 Minuten Zucchini und Lauch beigeben. Inzwischen Zwiebeln und Knoblauch fein schneiden und in einer Pfanne bei mittlerer Hitze glasig schwitzen. Mit den Tomaten und der Petersilie zur Suppe geben und nachwürzen.

Tip:

In Italien reicht man zu dieser Suppe fein geriebenen Parmesan. Diese Suppe kann mit gedämpften Fischstücken auch als Eintopfgericht zu Tisch gebracht werden. Parmesan gibt es auch aus Ziegen- oder Schafskäse.

Rezept 30

Gemüseeintopf

4 Portionen

Zubereitung:

1. Alles Gemüse waschen. Sellerie, Karotten, Kartoffeln und Petersilienwurzeln schälen, in gleich große Stücke oder Scheiben schneiden. Die Bohnen putzen und halbieren oder vierteln. Erbsen auspalen. Zucchini halbieren und in Scheiben schneiden. Frühlingszwiebeln putzen und halbieren. Blumenkohl in Röschen putzen.
2. Butter in einem Topf schmelzen und das vorbereiteten Gemüse darin kurz anschwitzen. Mit Salz, Pfeffer und pflanzlicher Streuwürze würzen und mit Gemüsebrühe oder Wasser aufgießen. Das Gemüse 10–15 Minuten leicht köcheln lassen, nochmals gut nachschmecken und servieren.

Tip:

Sie sollten die Gemüsesorten so auswählen und zerkleinern, daß sie etwa dieselbe Garzeit benötigen. Besonders köstlich schmeckt dieser Eintopf, wenn Sie frisches, junges Gemüse verwenden. Evtl. mit wenig Parmesan bestreuen. Mit einem Stück Vollkornbrot ist das eine bekömmliche Mahlzeit für den Abend oder in der heißen Jahreszeit ein leichtes Mittagessen.

Zutaten

100 g Bleichsellerie
200 g Karotten
150 g Paprikaschoten rot und gelb
300 g Kartoffeln geschält
150 g Wurzelpetersilie
100 g grüne Bohnen
300 g grüne Erbsen
200 g Frühlingszwiebeln
100 g Zucchini
200 g Blumenkohl
40 g Butter oder Margarine oder Milchhalbfett
2,5 l Wasser oder Gemüsebrühe (Rezept 17/18)
5 g vegetarische Suppenwürze
Meersalz
weißer Pfeffer frisch gemahlen
Muskatnuß frisch gerieben

Pro Portion:
kcal 176 • EW 8,3
F6 • KH 22 • ES 0
Ca 99 • LinS 0,2
AraS 0,0 • Chol 9
Vit C 106,9 • Vit D 0
Vit E 1,9 • Hsr 140

Gemüse-
Grundsaucen

Das Wichtigste auf einen Blick

Mit mehlig kochenden Kartoffeln, Gemüsebrühe und vielen frischen Küchenkräutern werden die Basensaucen gemacht. Dadurch kann man bei der Zubereitung völlig auf Fett verzichten oder nur sehr wenig Fett verwenden. Das gleiche gilt für Milchprodukte.

Eine Basensauce ist eine pürierte Kartoffelsauce, die individuell abgewandelt werden kann, je nachdem, zu welchem Gericht die Sauce serviert werden soll. In der Regel rechnet man 60 ml Sauce pro Portion. Sie können aber etwas mehr von einer Grundsauce vorbereiten, die Sie dann ungewürzt 2–3 Tage im Kühlschrank aufbewahren können, um sie bei Gebrauch zweckentsprechend zu würzen und zu verfeinern. Kommt die Basensauce z. B. zu Fischgerichten, so wird der bei der Zubereitung entstandene Fischsud untergemischt und mit Basilikum und einem Spritzer Weißwein verfeinert. Magerjoghurt und 10%iger Sauerrahm flockt (wie bei der Basensuppe beschrieben) auch hier aus, wenn die Sauce danach noch einmal aufgekocht wird. Mit 10%igem süßen Rahm kann das nicht passieren, auch nicht mit Hafermilch, Reismilch oder Sojamilch. Eine gut schmeckende Gemüsebrühe dient hier wiederum als Aufguß für sämtliche Rezepte. Notfalls können Sie statt dessen heißes Wasser, gemischt mit etwas pflanzlicher Streuwürze, verwenden. Frisch gehackte Küchenkräuter geben den Basen- oder Gemüsesaucen Geschmack und Würze. Sie kommen erst zum Schluß dazu.

In der Regel wird in jeder Küche gedämpftes Gemüse in einer Pfanne mit Butter geschwenkt, damit es nicht so trocken ist. Eine einfache Methode, gegartes Gemüse zu binden oder cremig zu machen, besteht darin, einen Teil des gedämpften Gemüses mit der entsprechenden Menge Flüssigkeit zu mixen, so daß eine dickliche Sauce entsteht. Dadurch können Sie auf klassische Fett-Mehlbindungen verzichten und das Gemüse wird leichter bekömmlich.

Rezept 31

Frischkräuter-Basensauce

6 Portionen

Zubereitung:

1. Geschälte Kartoffeln kleinschneiden. Butter in einer Stielpfanne schmelzen lassen, kleingeschnittene Schalotten oder Frühlingszwiebeln darin glasig anschwitzen. Kartoffelwürfel zugeben, kurz mitschwitzen und mit Gemüsebrühe aufgießen.
2. Zugedeckt köcheln lassen, bis die Kartoffeln gar sind. Im Mixer mit Sahne, Salz, Pfeffer, Muskatnuß und 1 EL feingehackten Küchenkräutern pürieren. Falls die Sauce zu dick ist, mit etwas Gemüsesud verdünnen. Zu dünne Saucen werden mit gekochten Kartoffeln eingedickt, die in entsprechender Menge mitgemixt werden.

Tip:

Diese Basensauce wird statt Fleischsauce zu sämtlichen Gemüsespeisen, Nudelgerichten oder Fischgerichten als Saucen-Grundlage verwendet. Geschmacklich abgerundet wird diese geschmacksneutrale Sauce mit frischen Kräutern, die zum jeweiligen Gericht passen. Bei Fischgerichten wird der Natur-Fischsaft unter die Grundsauce gemischt, dann wird mit frischen Kräutern wie Dill oder Basilikum abgeschmeckt. Zu Nudelgerichten paßt Basilikum ebenso gut wie Oregano, Majoran, Thymian oder Kerbel. Diese Basensauce kann 2-3 Tage im Kühlschrank aufbewahrt und erst bei Bedarf verfeinert oder verdünnt werden. Statt Sahne oder Sauerrahm kann auch Magerjoghurt oder fettarme Sahne verwendet werden. Bei Kuhmilchunverträglichkeit eignet sich Schafs-, Hafer-, Reis- oder Sojamilch.

Zutaten
120 g Kartoffeln geschält
10 g Butter oder Margarine oder Milchhalbfett
20 g Frühlingszwiebeln oder Schalotten
350 ml Gemüsebrühe (Rezept 25/26)
20 g (saure) Sahne 10% Fett
2 g Küchenkräuter
Meersalz
Weißer Pfeffer frisch gemahlen
Etwas Muskatnuß frisch gerieben

Pro Portion:
kcal 31 • EW 0,6
F 2 • KH 3 • ES 0
Ca 9 • LinS 0,1
AraS 0,0 • Chol 4
Vit C 3,9 • Vit D 0
Vit E 0,1 • Hsr 4

Rezept 32

Kartoffelsauce mit Frischkräutern

10 Portionen (Vorrat)

Zutaten
1 l Wasser
10 g gekörnte Gemüsebrühe
20 g Butter oder Margarine oder Milchhalbfett
100 g Jungzwiebeln
20 g Küchenkräuter
400 g mehlige Kartoffeln geschält
120 ml Joghurt entrahmt
Sahne oder Sauerrahm 10% Fett
Meersalz
Muskatnuß frisch gerieben
Weißer Pfeffer frisch gemahlen

Küchenkräuter:
Majoran, Petersilie, Thymian, Basilikum, Oregano, Kerbel einzeln oder gemischt, evtl. 2 Knoblauchzehen

Pro Portion:
kcal 63 • EW 1,8
F 3 • KH 8 • ES 0
Ca 29 • LinS 0,0
AraS 0,0 • Chol 3,4
Vit C 8,9 • Vit D 0
Vit E 0,1 • Hsr 8,2

Zubereitung:

1. Zwiebeln mit Grün in kleine Ringe schneiden, in einem Kochtopf mit Butter anschwitzen, mehlige, kleingeschnittene Kartoffeln kurz mitdünsten, salzen. Wasser, Gemüsebrühe und Streuwürze zugeben und alles weichköcheln lassen. Joghurt (oder Sauerrahm 10%) mit etwa 3 EL heißer Suppe gut verrühren.
2. Im Mixglas mit Joghurt, Küchenkräutern, Salz und Muskat aufmixen und nochmal gut abschmecken. Nicht mehr kochen, sonst flockt das Joghurt aus.

Tip:

Diese Grundsauce können Sie mit verschiedenen Kräutern beliebig variieren, je nachdem, zu welchem Gericht sie serviert wird: bei Fischgerichten mit Dill oder Basilikum, bei Nudeln mit Basilikum oder Oregano, bei Lamm mit Thymian usw. Für kurze Zeit kann die Sauce im Kühlschrank aufbewahrt werden. Vor Verwendung muß sie aber verdünnt und nochmals abgeschmeckt werden. Sie können die Sauce auch mit Sahne (10%) oder Sauerrahm (10%) verfeinern oder auf vegetarischer Basis mit Reis-, Hafer- oder Sojamilch zubereiten.

Rezept 33

Gemüse-Basensauce

10 Portionen (Vorrat)

Zubereitung:

1. Zwiebeln schälen und klein würfeln. Sellerieknolle unter fließendem Kaltwasser gut abbürsten und schälen (Schalen für Gemüsebrühe weiterverwenden (Rezept 17/18).
2. Kleingeschnittene Zwiebeln in einem Kochtopf mit Butter andünsten. Kartoffeln und Sellerieknolle kleinschneiden, kurz mitdünsten, salzen, Gemüse-Streuwürze zugeben, mit Gemüsebrühe oder Wasser auffüllen und weichkochen.
3. Im Mixer oder mit dem Pürierstab mixen. Joghurt mit etwas pürierter Sauce verrühren, und mit Küchenkräutern und Selleriegrün nochmals gut aufmixen. Mit Salz und Muskatnuß gut abschmecken. Statt Joghurt können Sie auch saure Sahne oder süße Sahne mit 10 % Fettgehalt verwenden.

Tip:

Wenn Sie diese Sauce als Grundsauce im Kühlschrank aufbewahren, sollten Sie sie erst vor Gebrauch verfeinern! Dabei kommt es darauf an, wozu Sie die Sauce servieren und welche Geschmacksträger noch hinzukommen. Der bei der Zubereitung entstandene Saft von Fleisch, Fisch oder Gemüse wird jeweils zur Grundsauce zugegeben.

Zutaten
1 l Wasser
10g gekörnte Gemüsebrühe
50 g Zwiebeln
20 g Butter oder Margarine oder Milchhalbfett
200 g Knollensellerie
200 g mehlige Kartoffeln geschält
5 g Küchenkräuter
120 ml Joghurt entrahmt
Meersalz
Muskatnuß
Pfeffer frisch gemahlen
Küchenkräuter fein gehackt (Petersilie, Majoran, Oregano, Basilikum, Kerbel), gemischt oder einzeln (je nach weiterer Verwendung der Grundsauce)
Grün von junger Sellerieknolle

Pro Portion:
kcal 43 • EW 1,6
F 2 • KH 5 • ES 0
Ca 37 • LinS 0,0
AraS 0,0 • Chol 3,2
Vit C 5,3 • Vit D 0
Vit E 0,2 • Hsr 10

Rezept 34

Gelbe Paprikasauce

Für Gemüse und Fischgerichte
6 Portionen

Zutaten
80 g Schalotten
5 g Knoblauch
20 g Butter oder Margarine oder Milchhalbfett
450 g Paprikaschoten
150 ml Gemüsebrühe (Rezept 17/18)
50 ml Weißwein halbtrocken
50 g Joghurt entrahmt
10 g Honig
Meersalz
1 Zweig Thymian
1 Lorbeerblatt
Weißer Pfeffer frisch gemahlen

Pro Portion:
kcal 67 • EW 1,7
F 4 • KH 5 • ES 0
Ca 30 • LinS 0,1
AraS 0,0 • Chol 5,4
Vit C 105,3
Vit D 0,3 • Vit E 1,9
Hsr 9,6

Zubereitung:

Feingewürfelte Schalotten und Knoblauch in Butter glasig schwitzen. Die gewürfelten Paprikaschoten und die Gewürze zufügen. Mit Wein und Gemüsebrühe ablöschen und bei schwacher Hitze garen. Wenn die Brühe bis auf die Hälfte eingekocht ist und die Paprikaschoten weich sind, mit Joghurt aufmixen und durch ein feines Sieb passieren. Nochmals mit Honig und Gewürzen gut abschmecken.

Tip:

Natürlich kann man die Sauce auch aus roten oder grünen Paprikaschoten zubereiten. Die Sauce paßt gut zu Gemüse und feinen Fischgerichten.

Rezept 35

Muskat-Kürbissauce

10 Portionen (Vorrat)

Zutaten

600 g Muskat-Kürbis
80 g Zwiebeln
20 g Butter oder Margarine oder Milchhalbfett
100 ml Weißwein halbtrocken
250 ml Gemüsebrühe (Rezept 17/18)
100 g Joghurt entrahmt
20 g Portwein
1 TL Curry
1 Prise Meersalz
Weißer Pfeffer frisch gemahlen

Pro Portion:
kcal 52 • EW 1,5
F 2 • KH 4 • ES 0
Ca 37 • LinS 0,1
AraS 0,0 • Chol 3,3
Vit C 8,9 • Vit D 0,4
Vit E 0,1 • Hsr 5,4

Zubereitung:

1. Den Kürbis schälen, das Kerngehäuse entfernen und das Fruchtfleisch in kleine Stücke schneiden. Die Schalotten kleinschneiden, in Butter glasig schwitzen, den Kürbis zugeben und mitschwitzen. Mit Curry bestäuben und würzen. Nicht zu stark erhitzen, sonst brennt das Currypulver an.
2. Mit Wein und Portwein ablöschen und die Gemüsebrühe zugießen. Auf die Hälfte reduzieren, bis der Kürbis weich ist. Das Joghurt mit etwas Kürbissauce glattrühren und alles pürieren und gut abschmecken. Nicht mehr kochen lassen!

Tip:

Die Kürbissauce paßt zu sämtlichen vegetarischen Speisen. Etwas dünner gehalten können Sie daraus eine Kürbissuppe machen. Statt Joghurt können Sie auch Sahne (10 %) verwenden.

Rezept 36

Pikante Tomatensauce

10 Portionen (Vorrat)

Zutaten
100 g Bleichsellerie
120 g Karotten
1000 g Tomaten reif
60 g Schalotten
5 g Knoblauch
20 ml Olivenöl/ Sesamöl
50 ml Weißwein halbtrocken
Je 1 Zweig Rosmarin, Basilikum und Thymian
1 Lorbeerblatt
1 Nelke
3 Pimentkörner
10 weiße Pfefferkörner
1 Prise Salz
1 TL Balsamico-Essig

Pro Portion:
kcal 48 • EW 1,3
F 3 • KH 4 • ES 0
Ca 30 • LinS 0,0
AraS 0,0 • Chol 0
Vit C 26,7 • Vit D 0,1
Vit E 1,2 • Hsr 20

Zubereitung:

Sellerie und Karotten schälen und kleinschneiden. Tomaten vom Strunk befreien und das Fruchtfleisch würfeln. Schalotten und Knoblauch feinschneiden. Die Schalotten und den Knoblauch im Öl glasig schwitzen. Karotten und Selleriestücke kurz mitschwitzen lassen, dann die Kräuter und Gewürze zugeben. Tomatenwürfel zufügen und mit Weißwein und Essig ablöschen. Im offenen Topf 15–20 Minuten einkochen lassen. Gewürzzweige und Lorbeer entfernen. Die Sauce mixen und eventuell grob durchpassieren oder durch ein Sieb streichen. Danach kurz reduzieren, d.h. einkochen lassen, und mit Essig, Salz und Pfeffer gut abschmecken. Bei sauren Tomaten 1 EL braunen Zucker oder Honig zugeben.

Tip:

Falls keine aromatischen Freilandtomaten zu haben sind, besser Schältomaten aus der Dose (ohne Konservierungsmittel) oder gefrorenes Tomatenmark verwenden. Treibhaustomaten schmecken nicht. Der Geschmack der Sauce steht und fällt mit der Qualität der verwendeten Früchte.

Rezept 37

Champignonsauce auf Kartoffelbasis

4 Portionen

Zubereitung:

1. Zuerst eine mehlige Kartoffel mit der Schale im Kocheinsatz weichdämpfen oder garen. Heiß geschälte Kartoffel im Mixer mit heißer Gemüsebrühe (Rezept 17/18) oder Wasser, pflanzlicher Streuwürze, Joghurt, Petersilie, Salz und Pfeffer zu einer sämigen Sauce aufmixen.
2. Kleingeschnittenen Knoblauch und kleingeschnittene Zwiebeln in einer Stielkasserolle in zerlassener Butter andünsten bzw., ohne Farbe zu ziehen, anschwitzen. Pilze sorgfältig putzen, halbieren und nicht zu dünnblättrig schneiden. Geschnittene Champignons in die Kasserolle zugeben, kurze Zeit mitbraten und 1–2 Minuten zugedeckt ziehen lassen, da die Pilze noch Wasser abgeben.
3. Die sautierten Pilze in der Kasserolle mit der Kartoffelsauce vermischen. Mit Salz, Weißwein und fein gewiegten Kräutern gut abschmecken. Man kann auch eine Kräuter-Basensauce (Rezept 31) mit sautierten Pilzen mischen. Statt Joghurt können Sie auch Sahne (10 %) verwenden.

Tip:

Statt Champignons können Sie auch andere Pilze (Steinpilze, Pfifferlinge) verwenden. Bei getrockneten Pilzen immer das Einweichwasser mitverwenden!
Gußeisenpfannen eignen sich nicht für Gerichte mit Pilzen, da diese Farbe verlieren und grau werden. Sie können zum Mischen der Pilze auch eine Basensauce (Rezept 31) verwenden. Für Nudeln, Reis u. Gemüsegerichte zu empfehlen.

Zutaten
100 g frische Champignons
100 g Kartoffeln gegart
50 g Zwiebeln
10 g Butter oder Margarine oder Milchhalbfett
2 g Petersilienblatt
150 ml Wasser
50 ml Joghurt entrahmt
Meersalz
Pfeffer frisch gemahlen
etwas pflanzliche Streuwürze
evtl. 2 Knoblauchzehen
2 EL Weißwein zum Abschmecken

Pro Portion:
kcal 58 • EW 2,0
F 3 • KH 5 • ES 0
Ca 30 • LinS 0,1
AraS 0,0 • Chol 4,3
Vit C 6,0 • Vit D 0,5
Vit E 0,1 • Hsr 21

Rezept 38

Currysauce mit Früchten

4 Portionen

Zutaten

100 g säuerlicher Apfel
100 g Banane
5 g Butter/Milchhalbfett
10 g Currypulver
50 g Kartoffeln gegart
200 ml Gemüsebrühe (Rezept 17/18)
20 g Joghurt entrahmt oder Sahne 10% Fett
Meersalz, Muskatnuß frisch gerieben
weißer Pfeffer frisch gemahlen
1 kleine Schalotte

Pro Portion:
kcal 60 • EW 1,1
F 1 • KH 12 • ES 0
Ca 19 • LinS 0,0
AraS 0,0 • Chol 1,8
Vit C 8,0 • Vit D 0
Vit E 0,2 • Hsr14

Zubereitung:

1. Heiße, gekochte Kartoffel kleinschneiden und mit Gemüsebrühe, Salz, Joghurt und Muskatnuß im Mixer zu einer sämigen Sauce pürieren. Alternativ 1 Basen-Grundsauce (Rezept 31) vorbereiten.
2. Apfel schälen und kleinschneiden (Kerngehäuse entfernen). Geschälte Banane ebenfalls kleinschneiden. Schalotte schälen und fein würfeln. Zuerst die Schalottenwürfel in einer Kasserolle mit zerlassener Butter anschwitzen, dann Apfel und Banane zugeben und kurz mitschwitzen lassen. Currypulver darüberstreuen und mit der Kartoffelsauce und Joghurt (mit 2 EL Sauce verrührt) aufmixen. Nochmals gut abschmecken.

Tip:

Achten Sie immer auf echtes Qualitäts-Currypulver. Dieses kostet zwar etwas mehr, hat aber eine angenehme Schärfe im Geschmack. Zu dicke Saucen verdünnen Sie immer mit Basenbrühe. Wenn die Sauce zu dünn ist, mixen Sie eine weichgedämpfte Kartoffel oder einen Schöpflöffel dicke Basensauce mit, um der Sauce wieder entsprechende Bindung zu geben.

Rezept 39

Tomatensauce

4 Portionen

Zutaten

800 g Tomaten
(gut reife Eiertomaten)
50 g Karotten
100 g Zwiebeln
100 g Bleichsellerie
10 g Olivenöl/Sojaöl
5 g Basilikum frisch
5 g Meersalz

Pro Portion:
kcal 74 • EW 2,7
F 3 • KH 8 • ES 0
Ca 65 • LinS 0,5 •
AraS 0,0 • Chol 0,2
Vit C 54,12 • Vit D 0
Vit E 2,1 • Hsr 20

Zubereitung:

1. Die Karotten schälen, zunächst in Längsstreifen, dann in feine Würfel schneiden. Die Zwiebel schälen und fein hakken. Die Selleriestangen putzen und in kleine Würfel schneiden. Die gewaschenen und von den Stielansätzen befreiten Tomaten mit einem scharfen Messer halbieren, vierteln und kleinschneiden und mit den Karottenwürfeln in einen Topf geben. Die Zwiebel- und Selleriewürfel dazugeben. Nicht umrühren. Den Topf schließen und alles bei niedriger Hitze in etwa 35–40 Minuten weich köcheln lassen.
2. Die Gemüsemischung portionsweise in ein grobmaschiges Sieb geben und mit einem Löffel durchpassieren. Die Sauce ist von dünnflüssiger Konsistenz. Das am Sieb haftende Püree abstreifen und mit in die Sauce geben.
3. Die Sauce in eine Kasserolle umfüllen, erwärmen, salzen und pfeffern. Das Öl löffelweise unter die Sauce ziehen und gleichmäßig verrühren. Gehacktes Basilikum in die Sauce einstreuen und nochmals abschmecken.

Tip:

„La pommarolla“ heißt diese Sauce in Italien. Diese passierte Basissauce läßt sich vielfältig verwenden. Man kann sie ganz individuell mit frischen oder getrockneten Kräutern würzen, und man kann natürlich auch beliebig Knoblauch zusetzen. Wenn Sie das typische Olivenöl-Aroma nicht mögen, dann nehmen Sie Soja-, Hanf- oder Sesamöl.

Rezept 40

Bologneser Fleischsauce

4 Portionen

Zutaten
250 g Karotten
200 g Zwiebeln
5 g Knoblauch
150 g Bleichsellerie
1000 g Tomaten
500 g Dosentomaten
300 g Rindfleisch mager
200 g Lammfleisch
10 g Olivenöl
10 g Petersilienblatt
20 g Butter oder Margarine oder Milchhalbfett
300 g Tomatenmark
20 g brauner Zucker
¼ l Gemüsebrühe (Rezept 25/26)
Salz
Pfeffer frisch gemahlen

Pro Portion:
kcal 544 • EW 36,5
F28 • KH 35 • ES 0
Ca 224 • LinS 1,9
AraS 0,0 • Chol 109
Vit C 117,1 • Vit D 0,2
Vit E 9,1 • Hsr 310

Zubereitung:

1. Die Karotten schälen, zuerst in Längsstreifen, dann in feine Würfel schneiden. Zwiebeln und Knoblauchzehen schälen und fein hacken. Stangensellerie fein würfeln. Die frischen Tomaten kurz blanchieren, abschrecken, häuten, halbieren, die Samen herausdrücken und das Fruchtfleisch würfeln. Die Dosentomaten grob zerteilen und passieren. Das Fleisch durch den Wolf drehen.
2. Das Öl in einem Topf erhitzen und die Karotten darin anschwitzen. Zwiebeln, Knoblauchzehen, Selleriewürfel und gehackte Petersilie zugeben und alles gut anschwitzen. Das Hackfleisch zufügen und unter ständigem Rühren anbraten, bis es krümelig zerfällt. Die Hälfte der Butter zugeben, dann die in Würfel geschnittenen Tomaten. Die passierten Tomaten darübergeben und alles gut durchrühren. Im offenen Topf kurz köcheln lassen. Das Tomatenmark löffelweise zugeben, sorgfältig unterrühren und etwas einkochen lassen. Zum Schluß die Gemüsebrühe zugießen, gut verrühren, salzen, pfeffern und die Sauce mindestens 1 Stunde zugedeckt köcheln lassen, dabei den Deckel einen Spalt offen lassen, damit etwas Dampf entweichen kann und die Sauce leicht einkocht. Mit Zucker abschmecken und weitere 30 Minuten köcheln lassen. Die restliche Butter in die Sauce geben und alles gut abschmecken.

Tip:

Diese wohl bekannteste vielseitige Pastasauce wird in Italien vor allem zu hausgemachten Nudeln serviert. Sie kann nach dem Auskühlen tagelang im Kühlschrank aufbewahrt und ebenso gut eingefroren werden.

Nudel- Reis- und Kartoffelgerichte

Das Wichtigste auf einen Blick

Nudeln werden in einer nahezu unüberschaubaren Vielfalt angeboten. Die Italiener sind Meister darin, jeder neuen Kreation auch einen klangvollen Namen zu geben. Es werden Spaghetti aller Art angeboten, von den hauchdünnen Cappelini über Spaghettini, Spaghetti und Spaghettoni bis hin zu den dicken Linguine und Fetucelle. Beim Kochen der Nudeln ist der richtige Garpunkt bedeutend. „Al dente“, also bißfest, sollen die Nudeln sein, damit sie so richtig gut schmecken. Die italienischen Nudeln werden aus Hartweizengrieß ohne Ei hergestellt und sind daher für unsere Kostform ideal. Verzichten Sie vorerst auf alle eihaltigen Teigwaren. Hühnereigelb ist ein Lieferant für Arachidonsäure. Das Hühnereiweiß hingegen ist frei von Arachidonsäure und kann daher für einen selbstgemachten Nudelteig verwendet werden.

Beim selbstgemachten Nudelteig, der natürlich unvergleichlich besser schmeckt als jeder gekaufte Teig, sollten alle Zutaten gut temperiert sein. Verwenden Sie frisch gemahlenes Vollkornmehl statt Weißmehl. Eine kleine Nudelmaschine leistet auch wertvolle Dienste. Die Nudeln können getrocknet oder frisch verwendet werden. Viel Wasser ist zum Kochen von Nudeln notwendig. Die Faustregel heißt 1 Liter Wasser pro 100 g Nudeln. Das Wasser soll immer sprudelnd kochen, bevor Sie die Nudeln einlegen. Einen Löffel Öl geben Sie nur bei selbstgemachten Nudeln ins Wasser, da hierbei (Mehl statt Grieß) die Gefahr besteht, daß sonst die Nudeln zusammenkleben.

Für ein Risotto verwenden Sie guten Rundkornreis, für Beilagen Langkornreis – Basmati ist eine bekannte Sorte. Es gibt auch schon viele Sorten von Vollkornreis im Handel, die Sie vorzugsweise für die Gerichte verwenden sollten. Allerdings muß man beim Einkauf aufpassen, um nicht enttäuscht zu werden. Ein guter Vollkornreis darf nicht schlechter schmecken als weißer Reis. Dem kommt der Reis im Silberhäutchen am ehesten gleich.

Für Kartoffelteig kaufen Sie immer mehlige Kartoffelsorten. Diese werden in Folie gewickelt im Backofen gebraten (damit die Feuchtigkeit verdunstet), gepellt und zu Kartoffelteig weiterverarbeitet. Für den Teig wird feines Vollkorn-Dinkelmehl verwendet. Daraus entstehen dann Gnocchi oder Kartoffelnudeln, wobei auch hier das Eigelb (wegen der Arachidonsäure) weggelassen wird.

Rezept 41

Vollkorn-Nudelteig

4 Portionen

Zutaten
250 g Dinkel-Vollkornmehl
250 g Weizenmehl Type 405
1 g Salz
5 g Olivenöl oder Leinöl oder Sojaöl
80 g Hühnereiweiß (2 Stück)
250 ml Wasser warm

Pro Portion:
kcal 425 • EW 15,5
F 3 • KH 82 • ES 0
Ca 35 • LinS 1,0
AraS 0,0 • Chol 0
Vit C 0,1 • Vit D 0
Vit E 1,3 • Hsr 76

Zubereitung:

1. Beide Mehlsorten mit dem Salz auf eine Arbeitsfläche geben, in die Mitte eine Mulde drücken, die 2 Eiweiß hineingeben.
2. Das Öl mit einem Eßlöffel abmessen und zu dem Eiweiß in die Mehlmulde geben. Mit einer Gabel die Zutaten in der Mulde verrühren und immer mehr Mehl vom Rand mit einrühren.
3. Sobald in der Mulde ein dickflüssiger Teig entsteht, mit beiden Händen den Mehlrand von außen nach innen verteilen. Das Mehl unter den Teig drücken und dabei soviel Wasser mit beiden Daumen einarbeiten, daß der Teig zusammenhält.
4. Den Teig wechselseitig mit den Handballen auseinanderdrücken, wieder zusammenlegen und glattarbeiten, bis er die Form hält.
5. Den Teig zu einer Kugel formen, in Klarsichtfolie einschlagen und mindestens 1 Stunde ruhen lassen.

Tip:

Vollkornmehl enthält alle Bestandteile des Getreidekorns, vor allem den wertvollen Keim und die ballaststoffreichen Randschichten. Frisch gemahlen und sofort verwendet, entfaltet das Mehl sein volles Aroma.

Rezept 42

Kastanien-Nudelteig

4 Portionen

Zutaten
200 g Edelkastanienmehl
400 g Weizenmehl Type 405
80 g Hühnereiweiß (2 Stück)
350 ml Wasser
1 g Salz

Pro Portion:
kcal 436 • EW 13,3
F 2 • KH 89 • ES 0
Ca 40 • LinS 0,8
AraS 0,0 • Chol 0
Vit C 0,1 • Vit D 0
Vit E 0,8 • Hsr 40

Zubereitung:

1. Beide Mehlsorten mischen, auf eine Arbeitsfläche geben, in die Mitte eine Mulde drücken und die 2 Eiweiß, etwas Wasser und das Salz hineingeben.
2. Zunächst die Zutaten in der Mehlmulde mit einer Gabel verrühren und dabei immer mehr Mehl vom Rand mit einrühren.
3. Mit den Händen von außen nach innen das Mehl einarbeiten und schließlich mit den Handballen zu einem glatten Teig kneten. Den Teig zu einer Kugel formen, in Klarsichtfolie einschlagen und mindestens 1 Stunde ruhen lassen. Mit einer Nudelmaschine Nudeln schneiden und diese in sprudelnd kochendem Salzwasser al dente kochen. Mit zerlassener Butter oder Gemüsesugo servieren.

Tip:

Sie können das Kastanienmehl auch mit feinem Buchweizen- oder Vollkornmehl mischen. 1 EL Sojamehl verrührt mit 3 EL Wasser ist der Ersatz für ein Hühnerei.

Kastanienmehl wird aus den Edel- oder Eßkastanien gewonnen und zeichnet sich durch einen intensiven Eigengeschmack aus. Dies ganz besondere Aroma kommt am besten zur Geltung, wenn man die Nudeln nur mit etwas Butter oder guter Pflanzenmargarine und mild schmelzendem Käse serviert.

Rezept 43

Mais-Nudelteig

4 Portionen

Zutaten
150 g Maismehl
150 g Weizenmehl Type 405
5 g Olivenöl oder Leinöl
80 g Hühnereiweiß (2 Stück)
160 ml Wasser
Salz
Muskatnuß frisch gerieben

Pro Portion:
kcal 280 • EW 9,0
F 3 • KH 54 • ES 0
Ca 17 • LinS 0,8
AraS 0,0 • Chol 0
Vit C 0,1 • Vit D 0
Vit E 0,8 • Hsr 26

Zubereitung:

1. Beide Mehlsorten mischen, auf die Arbeitsfläche geben, in die Mitte eine Mulde drücken. Die 2 Eiweiß hineingeben.
2. Das Olivenöl (oder Leinöl) mit einem Eßlöffel abmessen (1 EL = 5 g) und zu dem Eiweiß in die Mehlmulde geben. Mit einer Gabel die Zutaten in der Mulde verrühren und immer mehr Mehl vom Rand mit einrühren.
3. Sobald in der Mulde ein dickflüssiger Teig entsteht, mit beiden Händen den Mehlrand von außen nach innen verteilen. Das Mehl unter den Teig drücken und dabei soviel Wasser mit beiden Daumen einarbeiten, daß der Teig zusammenhält.
4. Den Teig wechselseitig mit den Handballen auseinanderdrücken, wieder zusammenlegen und glattarbeiten, bis er die Form hält.
5. Den Teig zu einer Kugel formen, in Klarsichtfolie einschlagen und mindestens 1 Stunde ruhen lassen. Daraus Nudeln schneiden, in Salzwasser al dente kochen und mit entsprechendem Gemüsesugo (Rezept 90, Seite 151) oder Tomatensauce (Rezept 39, Seite 103) servieren.

Tip:

Sie können die Hälfte des Maismehls auch durch Dinkelmehl oder ein anderes Getreidemehl ersetzen. Dinkel, bekannt als die Urform des Weizens, hat die gleichen Backeigenschaften wie Weizen.

Rezept 44

Rote Bete-Nudeln

4 Portionen

Zutaten
250 g Dinkel-Vollkornmehl
80 g Hühnereiweiß (2 Stück)
60 ml Wasser
10 g Leinöl, Soja- oder Walnußöl
1,5 g Meersalz
80 g Rote Bete-Saft

Pro Portion:
kcal 232 • EW 9,6
F 4 • KH 39 • ES 0
Ca 39 • LinS 1,0
AraS 0,0 • Chol 0,2
Vit C 0,1 • Vit D 0
Vit E 1,1 • Hsr 56

Zubereitung:

Den Teig zubereiten, wie in Rezept 41 beschrieben. Rote Bete nach Möglichkeit frisch entsaften oder Natursaft kaufen. 80 g Saft abwiegen und auf 30 g einkochen lassen. Das Konzentrat in den Teig verarbeiten. Den Nudelteig am besten mit einer Nudelmaschine verarbeiten und die Nudeln in sprudelnd kochendem Salzwasser al dente kochen.

Tip:

Zu diesen Nudeln paßt sehr gut ein frisch sautierter Rucola mit Pecorino-Schafskäse oder Radicchio Trevesiano in Butter geschwenkt, etwas Kräuter-Basensauce (Rezept 31) und grüner Salat. Wenn Sie statt des Rote Bete-Saftes 40 g Tomatenmark verwenden, erhalten Sie Tomatennudeln. Sehr nett sieht dazu eine gelbe Paprikasauce (Rezept 34) aus.

Rezept 45

Steinpilz-Nudeln

4 Portionen

Zutaten
250 g Dinkel-Vollkornmehl
80 g Hühnereiweiß (2 Stück)
60 ml Wasser
10 g Leinöl oder Sojaöl
1,5 g Meersalz
10 g Steinpilze getrocknet
1 g Petersilienblatt

Pro Portion:
kcal 229 • EW 10,0
F 37 • KH 37 • ES 0
Ca 28 • LinS 1,0
AraS 0,0 • Chol 0,2
Vit C 0,7 • Vit D 0
Vit E 1,1 • Hsr 66

Zubereitung:

Den Teig zubereiten, wie in Rezept 41 beschrieben. Die Steinpilze sehr fein hacken, im Nudelwasser einweichen und beides zusammen mit feingehackter Petersilie in die Mehlmulde geben und daraus einen Nudelteig zubereiten. Die Nudeln am besten mit einer Nudelmaschine fein schneiden und im sprudelnd kochendem Salzwasser al dente kochen. Sollten Sie gerade frische Steinpilze bekommen, so machen Sie dazu eine Steinpilzsauce (Rezept 37).

Tip:

Die Nudeln werden frisch gekocht oder auf einem bemehlten Holzbrett zum Trocknen ausgelegt.
Diese Nudeln schmecken auch nur mit etwas zerlassener Butter oder guter Pflanzenmargarine. Zudem können Sie aber auch ein paar geschälte Tomatenwürfel mit frischen Basilikumstreifen dazugeben oder etwas Pecorino (Schafskäse). Dazu servieren Sie eine Schüssel grünen Salat mit Walnußöl.

Rezept 46

Grüne Nudeln

4 Portionen

Zubereitung:

1. Einen kleinen Teil der frischen Spinatblätter mit 2–3 EL Wasser fein pürieren. Den restlichen Spinat nach und nach zufügen und zerkleinern. Das Spinatpüree in ein Passiertuch geben. Den Saft durch Zusammendrehen auspressen und auffangen.
2. Den Spinatsaft auf etwa 65° C erhitzen, nicht kochen. Mit einem Teesieb das sich zusammenziehende Blattgrün (Chlorophyl) abschöpfen.
3. Das Mehl auf eine Arbeitsplatte häufen. Die 2 Eiweiß in die Mehlmulde geben. Das abgeschöpfte Blattgrün dazupassieren. Zunächst mit der Gabel, dann mit den Händen einen Nudelteig abarbeiten, wie in Rezept 41 beschrieben. Den Teig zu einer Kugel formen, in Klarsichtfolie einschlagen und 1 Stunde ruhen lassen. Danach mit einer Nudelmaschine entweder Nudeln oder Teigblätter (für Lasagne) formen. Die Nudeln in sprudelnd kochendem Salzwasser al dente kochen.

Tip:

Hier wird der Nudelteig nur mit dem Blattgrün (Chlorophyl) eingefärbt.

Grüne Nudeln dürfen nicht mit Spinatnudeln verwechselt werden, die mit feinpüriertem Spinat zubereitet werden und einen eigenen Geschmack haben. Sie können auch 20 g feingehackte Küchenkräuter in den Nudelteig mischen und erhalten so Kräuternudeln.

Zutaten

200 g Blattspinat
20 ml Wasser

Für den Nudelteig:

160 g Dinkel-Vollkornmehl
80 g Hühnereiweiß (2 Stück)
40 ml Wasser
5 g Leinöl oder Maiskeimöl
20 g Butter oder Margarine oder Milchhalbfett
1,5 g Salz
Muskatnuß frisch gerieben
200 g Spinatblätter
2 EL Wasser

Pro Portion:
kcal 172 • EW 8,2
F 4 • KH 24 • ES 0
Ca 85 • LinS 0,6
AraS 0,0 • Chol 7,1
Vit C 26,1 • Vit D 0
Vit E 1,4 • Hsr 61

Rezept 47

Safran-Nudeln

4 Portionen

Zutaten
250 g Dinkel-Vollkornmehl
2 g Safran Gewürz
80 g Hühnereiweiß (2 Stück)
10 g Leinöl,Walnußöl, Sojaöl oder Weizenkeimöl
60 ml Wasser
1,5 g Salz

Pro Portion:
kcal 227 • EW 9,4
F 4 • KH 38 • ES 0
Ca 24 • LinS 1,0
AraS 0,0 • Chol 0,2
Vit C 0,1 • Vit D 0
Vit E 1,1 • Hsr 52

Zubereitung:

Den Teig zubereiten, wie in Rezept 41 beschrieben. Safran mit Wasser anrühren und mit in die Mehlmulde geben.

Tip:

Man kann viele Geschmacksrichtungen in den Nudelteig einbauen, beispielsweise durch 3-4 zerdrückte Knoblauchzehen, 30-40 g Tomatenmark, 15-20 g feingehackte Küchenkräuter oder durch 20 g Sepiatinte (= schwarze Nudeln). Die zusätzliche Wasserzugabe zum Nudelteig ist unterschiedlich. Auf alle Fälle soll der Teig weder zu fest noch zu weich sein. Eine mittelfeste Konsistenz läßt sich am leichtesten in der Nudelmaschine bearbeiten. Den Teig in mehreren Durchgängen ausrollen und dabei die Walzen immer enger stellen, bis die gewünschte Stärke zum Schneiden der Nudeln erreicht ist. Mit Blattspinat in wenig Butter oder Pflanzenmargarine geschwenkt und Ziegenkäse ist dies ein herrliches Gericht.

Rezept 48

Vollkorn-Dinkel-Spätzle

4 Portionen

Zutaten
500 g Dinkel-Vollkornmehl
120 g Hühnereiweiß (3 Stück)
3 g Meersalz
280 ml Wasser

Pro Portion:
kcal 401 • EW 17,6
F 3 • KH 75 • ES 0
Ca 47 • LinS 1.3
AraS 0,0 • Chol 0
Vit C 0,1 • Vit D 0
Vit E 1,9 • Hsr 103

Zubereitung:

1. Das Mehl in eine Schüssel geben, in der Mitte eine Vertiefung machen und die 3 Eiweiß hineingeben. Salzen. Zunächst lediglich die Hälfte des Wassers hineingießen und alles mit Hilfe eines Kochlöffels zu einem glatten Teig vermischen. Den Teig kräftig schlagen, bis er von glatter Konsistenz ist und in dicken Tropfen vom Kochlöffel fällt. Bei Bedarf noch Wasser zufügen.
2. Den Spätzleteig entweder von Hand mit Hilfe eines Spätzlebrettes und eines Holzschabers in reichlich sprudelnd kochendem Salzwasser schaben oder ein Spätzlesieb zur Hilfe nehmen. Sobald die Spätzle im Kochwasser hochsteigen, sind sie auch schon fertig. Mit Hilfe eines Schaumlöffels herausheben und anrichten. Entweder nur mit etwas zerlassener Butter oder Pflanzenmargarine und geriebenem Frischkäse servieren oder als Beilage verwenden.

Tip:

Wenn es überhaupt eine wirklich „regionale“ Nudelsorte außerhalb Italiens gibt, dann sind es wohl die Spätzle. Ihre Urheimat ist das schwäbische Kernland im deutschen Südwesten, und dort werden sie auch noch traditionell „von Hand“ geschabt, das heißt, sie werden Spätzle für Spätzle von einem Brett mit Hilfe eines Messers oder Spätzleschabers in das kochende Wasser befördert. In ähnlichen Formen werden sie auch als Knöpfli in der Nordschweiz, Spatzen in Tirol und Pizokel im rätischen Engadin zubereitet.

Rezept 49

Maultaschen mit Steinpilzfüllung

4 Portionen

Zutaten

Für den Nudelteig:
250 g Dinkel-Vollkornmehl
5 ml Olivenöl oder Sojaöl
80 g Hühnereiweiß (2 Stück)
10 g Küchenkräuter
ca. 60 ml Wasser nach Bedarf
Salz

Für die Füllung:
100 g Schalotten
5 g Knoblauch
600 g frische Steinpilze
10 g Butter oder Margarine oder Milchhalbfett
5 g Petersilienblatt
Meersalz
weißer Pfeffer frisch gemahlen

Für die Schnittlauchsauce:
¹/₄l Basensauce (Rezept 31)
20 g Schnittlauch
etwas Eiweiß zum Bestreichen
Mehl zum Bestäuben

Pro Portion:
kcal 258 • EW 14,3
F 4 • KH 40 • ES 0
Ca 65 • LinS 0,8
AraS 0,0 • Chol 188
Vit C 15,8 • Vit D 3
Vit E 1,4 • Hsr 150

Zubereitung:

1. Das sehr feine Vollkornmehl auf eine Arbeitsfläche geben und in die Mitte eine Mulde drücken. Das Eiweiß, das Öl und die gehackten gemischten Kräuter (Salbei, Thymian, Petersilie und Grün von Frühlingszwiebeln) hineingeben. Alles zu einem glatten Teig verarbeiten, dabei – wenn nötig – noch etwas Wasser zugeben. Den Teig in Folie eingewickelt 1 Stunde in Kühlschrank ruhen lassen.
2. Zwiebeln und Knoblauch fein hacken. Die Steinpilze sorgfältig putzen und in 5 mm große Würfel schneiden. Die Butter zerlassen und Zwiebel- und Knoblauchwürfel darin glasig anschwitzen. Die Steinpilze 3–4 Minuten mitschwitzen. Salzen, pfeffern und Petersilie einstreuen. Vollständig auskühlen lassen.
3. Für die Sauce die Schalotten schälen und sehr fein hacken. Die Butter in einer Kasserolle zerlassen und die Schalottenwürfel darin hell anschwitzen. Mit Weißwein ablöschen und auf etwa 1 EL einkochen. Die Basensauce zugießen. Salzen, pfeffern und die Schnittlauchröllchen einstreuen.
4. Den Nudelteig auf einer Arbeitsfläche gleichmäßig dünn ausrollen und aus dem Teig Rechtecke von 6 x 11 cm ausradeln. Auf jedes Teigstück 1 knappen EL Füllung geben und die Ränder mit Eiweiß bestreichen. Die Teigstücke der Länge nach übereinanderklappen und die Ränder gut andrücken. Die Teigtaschen in sprudelnd kochendes Salzwasser einlegen und etwa 8 Minuten kochen. Herausnehmen, abtropfen lassen und mit der Schnittlauchsauce anrichten. Mit Schnittlauchröllchen bestreuen.

Tip:

Die Maultaschen können auch mit Spinat und Ziegenkäse gefüllt werden.

Rezept 50

Algen-Tagliatelle

4 Portionen

Zubereitung:

1. Die Algen putzen, waschen und fein hacken (getrocknete Algen 20 Minuten vorher wässern und so gegeneinander reiben, bis sich die äußere, braune Schicht ablöst. Waschen, blanchieren und 1/3 davon fein hacken).
2. Die 2 Eiweiß mit einer Prise Salz verschlagen. Öl, 2/3 der gehackten Algen und Grießmehl einrühren. Mehl mit den Händen unterkneten, bis eine glatte, zähe Kugel entsteht. Den Teig 1 Stunde ruhen lassen, mit einer Nudelmaschine ausrollen und in Tagliatelle (Bandnudeln) schneiden.
3. Für die Sauce fein geschnittene Jungzwiebeln in Butter anschwitzen. Tomaten häuten, vierteln, entkernen und kleinschneiden. Basilikumblätter in feine Streifen schneiden. Beides zu den Schalotten geben, salzen, pfeffern und kurz reduzieren lassen. Restliche Algen zugeben und mit Sojasauce, Zucker und Salz gut abschmecken. Joghurt einrühren, nicht mehr kochen.
4. Die Nudeln in Salzwasser al dente kochen, abgießen. Mit der Sauce und den Algen mischen.

Tip:

Algen gehören zu den Grundnahrungsmitteln in Japan. Sie alle schmecken nach Meer. Milde purpurrote Dulse und spinatgrüne Ulve kommen aus kühlen nordeuropäischen Gewässern. Dünne, braune Meeres-Spaghetti stammen von der bretonischen Küste, durchscheinend grüne Wakame wachsen an Japans Stränden. Das kalorienarme, aber extrem nährstoffreiche Meeresgemüse ist in Japan sehr populär.

Zutaten

Für die Tagliatelle:
150 g frische Algen
80 g Hühnereiweiß (2 Stück)
10 ml Olivenöl
100 g Weizen-Grießmehl
120 g Weizen-Vollkornmehl

Für die Sauce:
20 ml Sojasoße
20 g Zucker braun/Rohzucker
20 g Butter oder Margarine oder Milchhalbfett
50 g Lauchzwiebeln
50 g Joghurt entrahmt
400 g Tomaten
2 g Basilikum
1 g Küchenkräuter
Meersalz
weißer Pfeffer frisch gemahlen

Pro Portion:
kcal 292 • EW 12,6
F 6 • KH 46 • ES 0
Ca 106 • LinS 0,9
AraS 0,0 • Chol 7
Vit C 28,6 • Vit D 0
Vit E 1,9 • Hsr 79

Rezept 51

Vollkorn-Tortelloni mit Ricotta

4 Portionen

Zutaten
Für den Nudelteig:
300 g Dinkel-Vollkornmehl
80 g Hühnereiweiß (2 Stück)
100 ml Wasser
Salz
Für die Füllung:
100 g Ricotta Doppelrahmstufe
300 g Quark Magerstufe
2 g Basilikum
2 g Oregano
1 g Thymian
Salz
Pfeffer frisch gemahlen
Für die Sauce:
500 g Tomaten
5 g Olivenöl oder Sojaöl
80 g Zwiebeln
5 g Knoblauch
10 g Tomatenmark
1 Eiweiß zum Bestreichen
40 g Hartkäse
20 g Butter oder Margarine oder Milchhalbfett
80 g Oliven schwarz
Thymian
1 Lorbeerblatt
Salz
Pfeffer frisch gemahlen

Pro Portion:
kcal 488 • EW 29,4
F 17 • KH 54 • ES 0
Ca 344 • LinS 1,8 •
AraS 0,0 • Chol 23
Vit C 34,4 • Vit D 0
Vit E 2,8 • Hsr 88

Zubereitung:

1. Aus den angegebenen Zutaten einen geschmeidigen Nudelteig herstellen und diesen, in Folie gewickelt, mindestens 1 Stunde kühl ruhen lassen. Für die Füllung Quark, Ricotta, fein gehackte Kräuter, Salz und Pfeffer vermischen.
2. Den Nudelteig mit dem Rollholz oder in der Nudelmaschine dünn ausrollen und Plätzchen von 7 cm Durchmesser ausstechen. Auf jedes Teigplätzchen mit dem Spritzbeutel ein nußgroßes Stück Füllung setzen. Die Ränder mit Eiweiß bestreichen, einmal quer zusammenfalten und dabei die Ränder der Tortelloni gut festdrücken. Auf ein bemehltes Brett legen und mit Klarsichtfolie abdecken.
3. Für die Sauce die Tomaten blanchieren, häuten, halbieren, Samen und Stielansatz entfernen. Olivenöl erhitzen, Schalotten und Knoblauch darin anschwitzen, Tomaten und Tomatenmark unterrühren, Thymianzweig und Lorbeerblatt einlegen und 2 Minuten leise köcheln lassen. Die Kräuterzweige entfernen und die Tomaten evtl. durch eine feines Sieb passieren. Die Sauce salzen, pfeffern und warmhalten.
4. Reichlich Salzwasser zum Kochen bringen und die Tortelloni darin in etwa 8 Minuten gar kochen. Abgießen und gut abtropfen lassen. In der geschmolzenen Butter kurz durchschwenken. Mit der Tomatensauce und Oliven auf Teller anrichten und mit gehobeltem Pecorino und gehacktem Basilikum bestreuen.

Tip:

Die Tortelloni können natürlich auch mit Pilzen oder mit Gemüsesugo gefüllt werden. Ricotta ist ein italienischer Frischkäse aus Schaf- oder Kuhmilchmolke.

Rezept 52

Canelloni mit Pilzfüllung

4 Portionen

Zubereitung:

1. Für den Nudelteig Hartweizengrieß und Mehl gut vermischen und mit den restlichen Zutaten zu einem glatten Teig verkneten. In Klarsichtfolie wickeln und 1 Stunde im Kühlschrank ruhen lassen.
2. Zwiebeln und Knoblauch schälen und fein hacken. Die Pilze sorgfältig putzen und in kleine Würfel schneiden. Spinat waschen, gut abtropfen lassen und fein hacken. Die Butter in einer Pfanne zerlassen. Zwiebeln und Knoblauch darin glasig anschwitzen. Die Pilze 3 Minuten mitbraten, anschließend den Spinat und den gewürfelten Lauch zufügen und durchschwenken. Sahne angießen, salzen, pfeffern und 3–4 Minuten einkochen. Die Mischung vom Herd nehmen und auskühlen lassen.
3. Die Lauchstangen putzen und vom unteren hellen Teil ein etwa 12 cm langes Stück abschneiden. Von diesem vorsichtig 8 Blätter lösen und in siedendem Salzwasser 4 Minuten kochen. Herausnehmen, kalt abschrecken und gut abtropfen lassen.
4. Den Teig auf einer bemehlten Arbeitsfläche dünn ausrollen und 8 Rechtecke von 10 x 5 cm ausschneiden. Diese in sprudelnd kochendem Salzwasser 2 Minuten garen, herausnehmen und auf einem feuchten Küchentuch ausbreiten. Jedes Teigstück mit einem Lauchblatt belegen, die Pilzfüllung darauf verteilen und zu Cannelloni aufrollen.
5. Die Cannelloni in eine gebutterte, feuerfeste Form geben, mit Basensauce übergießen und im Ofen 20 Minuten (evtl. mit etwas Käse) backen. Mit gehackter Petersilie bestreuen.

Zutaten

Für den Teig:
70 g Dinkel-Vollkornmehl
70 g Hartweizengrieß
80 g Hühnereiweiß (2 Stück)
Salz

Für die Füllung:
80 g Zwiebeln
5 g Knoblauch
300 g Pilze frisch
100 g Blattspinat
20 g Butter oder Margarine oder Milchhalbfett
50 g Lauch
1 Stange Lauch für Lauchblätter
100 ml Sahne 10% Fett
Salz
Pfeffer frisch gemahlen

Für die Sauce:
¼l Basensauce (Rezept 31)
1 g Petersilienblatt

Pro Portion:
kcal 202 • EW 10,2
F 6 • KH 26 • ES 0
Ca 101 • LinS 0,5
AraS 0,0 • Chol 17
Vit C 21,8 • Vit D 1,6
Vit E 1,1 • Hsr 95

Rezept 53

Grundrezept Pizzateig

4 Portionen oder 20 Minis

Zutaten
300 g Dinkel-Vollkornmehl
20 g Hefe
135 ml Wasser
10 ml Olivenöl oder Sojaöl
¼ TL Meersalz
Mehl zum Ausrollen

Pro Portion:
kcal 257 • EW 9,2
F 4 • KH 45 • ES 0
Ca 27 • LinS 1,0
AraS 0,0 • Chol 0
Vit C 0,0 • Vit D 0
Vit E 1,4 • Hsr 51

Zubereitung:

In das Mehl eine Mulde drücken. Hefe hineinbröckeln und mit lauwarmem Wasser verrühren. Mit etwas Mehl bedecken und stehen lassen, bis der Vorteig deutliche Risse zeigt. Mit Salz und Öl verrühren und gehen lassen, bis sich der Teig etwa verdoppelt hat.

2. Den Teig auf der bemehlten Arbeitsfläche gründlich durchkneten, bis er sich glatt und seidig anfühlt. Zwei lange Rollen formen. Mit dem Messer Portionen markieren und den Teig in gleich große Stücke schneiden. Jedes der 20 Hefestücke durch kreisende Bewegungen mit der flachen Hand zu einer glatten Kugel formen. Die Teigkugeln mit leichtem Druck auf wenig Mehl zu gleichmäßig dünnen, runden Talern ausrollen. In die Böden mit dem Daumen einen Rand eindrücken, den Teig mit einer Gabel mehrmals einstechen und belegen.

Tip:

Der einfachste und klassische Belag für eine Pizza besteht aus abgezogenen, entkernten Tomaten, die mit etwas Knoblauch in Olivenöl zu einem dickflüssigen Püree geschmort und mit einer Prise Oregano gewürzt werden. Mit Mozzarella belegt entsteht so die einfachste Form aller Pizzen. Tomatensauce siehe Rezept 36.

Rezept 54

Vollkorn-Pizza verdura

4 Portionen

Zubereitung:

1. Das Vollkornmehl in eine Schüssel geben, in die Mitte eine Mulde drücken und darin die zerbröselte Hefe mit dem lauwarmen Wasser auflösen. Mit Mehl bestäuben, mit einem Tuch bedecken und an einem warmen Ort gehen lassen, bis die Oberfläche Risse zeigt. Salz und Öl zugeben, mit dem Mehl und dem Hefeansatz verrühren und alles auf einer bemehlten Arbeitsfläche zu einem glatten Teig verkneten. Nochmal gehen lassen, bis der Teig doppeltes Volumen erreicht hat.
2. Für die Sauce die Tomaten blanchieren, häuten, Stielansatz und Samen entfernen und das Fruchtfleisch würfeln. Die Peperoni halbieren, Samen und Scheidewände entfernen und fein hacken. Zwiebeln und Knoblauchzehe schälen und ebenfalls fein hacken. Das Öl erhitzen und Zwiebel- und Knoblauchwürfel darin hell anschwitzen. Die Tomaten zugeben und 10 Minuten dünsten. Das Tomatenmark einrühren, salzen und pfeffern, Kräuter (Basilikum, Petersilie, Rosmarin, Thymian) und Peperoni einstreuen und weitere 5 Minuten mitdünsten.
3. Für den Gemüsebelag die geschälten Zwiebeln halbieren und in Stücke, den ebenfalls geschälten Knoblauch in feine Scheiben schneiden. Die Paprikaschoten waschen, Samen und Scheidewände entfernen und das Fruchtfleisch in Streifen schneiden. Von Auberginen und Zucchini Blüten- und Stielansatz entfernen. Die Auberginen in 1,5 cm große Würfel, die Zucchini in 2 mm dünne Scheiben schneiden. Die Tomaten blanchieren, häuten und vierteln. Das Öl erhitzen und Zwiebeln und Knoblauch darin hell anschwitzen. Die Auberginenwürfel zugeben und 2–3 Minuten mitbraten. Paprikastreifen untermischen, salzen, pfeffern und abkühlen lassen.

Zutaten

Für den Pizzateig:

(ergibt 4 ovale Pizzen von je 30 x 25 cm)
600 g Dinkel-Vollkornmehl
40 g Hefe
250 ml Wasser
10 g Olivenöl
Salz

Für die Sauce:

500 g Tomaten
40 g Paprikaschoten
2 Peperoni
120 g Zwiebeln
5 g Knoblauch
5 g Olivenöl
40 g Tomatenmark
2 g Küchenkräuter
Salz
Pfeffer frisch gemahlen

Für den Gemüsebelag:

300 g rote Zwiebeln
5 g Knoblauch
150 g Gemüsepaprika gelb
150 g Gemüsepaprika grün
150 g Gemüsepaprika rot
300 g Auberginen
300 g Zucchini
600 g Tomaten gut reif
Salz
weißer Pfeffer frisch gemahlen

Außerdem:
50 g Oliven schwarz
200 g Frischkäse Magerstufe
60 g Schafskäse
2 g Küchenkräuter
5 g Leinöl
Salz
Pfeffer frisch gemahlen

Pro Portion:
kcal 787 • EW 37,5
F 18 • KH 115 • ES 0
Ca 316 • LinS 3,2
AraS 0,0 • Chol 21
Vit C 264,0 • Vit D 0
Vit E 9,5 • Hsr 275

4. Den Hefeteig halbieren, zu 4 ovalen Fladen ausrollen und mit der bemehlten Hand von innen nach außen etwas auseinander ziehen. Mehrmals mit einer Gabel einstechen. Je einen Fladen auf ein Backblech legen, mit Tomatensauce bestreichen und das Gemüse darauf verteilen. Oliven und Mozzarellascheiben auf die Pizzen legen. Den Schafskäse darüber streuen, salzen, pfeffern und mit den Kräutern (Basilikum, Oregano, Salbei, Thymian) bestreuen. Mit Leinöl beträufeln und im vorgeheizten Ofen bei 220° C etwa 25 Minuten backen.

Tip:
Sie können natürlich den Gemüsebelag beliebig abändern. Artischockenböden, Blattspinat oder anderes Gemüse ist geeignet. Die „Urpizza“ war übrigens vegetarisch. Die Sfincione aus Sizilien ist nur mit Tomaten, Käse, Knoblauch und Oregano belegt.

Rezept 55

Schwammerlknödel

4 Portionen

Zubereitung:

1. Das Brot (vom Vortag) mit der Rinde sehr klein würfeln und in eine Schüssel geben. Die Sahne und die warme Milch mit der darin zerlassenen Butter zugießen. Die 3 Eiweiß zufügen und mit Salz, Pfeffer und Muskatnuß würzen. Alles gut vermischen und 15 Minuten weichen lassen.
2. Pfifferlinge und Steinpilze sorgfältig putzen und in 5 mm große Würfel schneiden. Schalotten und Knoblauch schälen und beides fein hacken.
3. In einer Pfanne die Butter zerlassen und die Schalotten und den Knoblauch darin hell anschwitzen. Die gewürfelten Pilze zugeben und 1 Minute mitbraten, die gehackten Frischkräuter einstreuen und die Mischung abkühlen lassen.
4. Die abgekühlten Pilze mit dem Mehl zu den eingeweichten Brotwürfeln geben und alles gut miteinander vermengen. Aus der Masse mit den Händen runde Knödel von etwa 70 g formen. Die Hände dafür mit etwas Wasser anfeuchten. Knödel in kochendes Salzwasser einlegen, die Hitze reduzieren und 12–15 Minuten garziehen lassen. Fertig sind die Knödel dann, wenn sie an die Oberfläche steigen.
5. In einem Pfännchen die Butter zerlassen, leicht bräunen und die gehackten Kräuter (Oregano und Petersilie gemischt) einstreuen. Die Knödel auf vorgewärmte Teller anrichten, mit der gebräunten Butter übergießen und sofort servieren.

Tip:

Dazu paßt hervorragend ein frischer Salat wie zum Beispiel Feldsalat oder Eissalat mit Cocktailtomaten.
Sie können auch in Gemüsesud eingelegte Pilze verwenden. Getrocknete Steinpilze vorher einweichen.

Zutaten

Für die Knödel:
200 g Mehrkornbrot
50 ml Sahne 10% Fett
180 ml Kuhmilch entrahmt
120 g Hühnereiweiß (3 Stück)
20 g Butter oder Margarine oder Milchhalbfett
Meersalz
weißer Pfeffer frisch gemahlen
Muskatnuß

400 g Pilze (Pfifferlinge und Steinpilze gemischt)
40 g Schalotten
5 g Knoblauch
2 g Oregano
1 g Petersilienblatt
40 g Dinkel-Vollkornmehl

Außerdem:
10 g Butter oder Margarine oder Milchhalbfett
2 g Küchenkräuter

Pro Portion:
kcal 249 • EW 13,5
F 6 • KH 35 • ES 0
Ca 110 • LinS 0,5
AraS 0,0 • Chol 212
Vit C 7,5 • Vit D 2,1
Vit E 0,6 • Hsr 101

Rezept 56

Gemüse–Ofenkartoffel

Zutaten
1200 g Kartoffeln ungeschält
(6 mehlige Kartoffeln à ca. 180 g)
300 g Paprikaschoten
(je eine rote, gelbe und grüne Schote)
300 g Tomaten
50 g Emmentaler
2 g Thymian
80 g Hühnereiweiß
(2 Stück)
1 Prise Muskatnuß
Meersalz
weißer Pfeffer frisch gemahlen

Pro Portion:
kcal 299 • EW 13,5
F 5 • KH 49 • ES 0
Ca 178 • LinS 0,4
AraS 0,0 • Chol 11
Vit C 173,7
Vit D 0,1 • Vit E 2,8
Hsr 64

Zubereitung:

1. Mehlige Kartoffeln mit der Schale waschen, in Alufolie wickeln und im Backofen bei 180° C etwa 40 Minuten backen. Inzwischen die Paprikaschoten putzen und kurz in den heißen Backofen geben, Schale entfernen und das Fruchtfleisch fein würfeln. Die Tomaten blanchieren, abziehen und würfeln.
2. Die fertige Kartoffeln aus der Folie nehmen, 5 davon so aushöhlen, daß nur ein schmaler Rand stehen bleibt. Das ausgelöste Innere zerdrücken und passieren. Die letzte Kartoffel schälen und in Würfel schneiden. Die Kartoffel- und Gemüsewürfel zugeben. Mit Muskat, Salz und Pfeffer würzen. Die 2 Eiweiß mit einer Prise Salz zu steifem Schnee schlagen, unterheben und die Masse in die ausgehöhlten Kartoffeln häufen. Mit geriebenem Emmentaler und einigen Thymianblättchen bestreuen und im Ofen bei 200° C in 10 Minuten hell überbacken.

Tip:

Eine hervorragende Hauptspeise, die sich mit vielen verschiedenen Gemüsesorten beliebig variieren läßt. Möchten Sie Folienkartoffeln mit Kaviar, so brechen Sie die Kartoffeln nach dem Backen auf und füllen Sauerrahm mit in die Kartoffeln und obendrauf Kaviar.

Rezept 57

Kartoffelpfanne mit Gemüse

4 Portionen

Zubereitung:

1. Die mehligen Kartoffeln waschen und im Kocheinsatz weichdämpfen. Etwas abkühlen lassen, pellen und in 5 mm dicke Scheiben schneiden. Die Paprikaschoten bei 220° C im vorgeheizten Ofen backen, bis die Haut Blasen wirft. In eine Plastiktüte legen und schwitzen lassen, dann die Haut von oben nach unten abziehen. Die Paprikaschoten halbieren, von Samen und Scheidewänden befreien und das Fruchtfleisch in 5 mm große Würfel schneiden.
2. Tomaten blanchieren, häuten, von Stielansatz und Samen befreien und würfeln. Zwiebeln und Knoblauch schälen und fein hacken. Die grünen Bohnen putzen und halbieren. Die Erbsen aus den Schoten palen, beides in kochendem Salzwasser weichkochen und kalt abschrecken.
3. Das Öl in einer entsprechend großen Pfanne erhitzen. Zwiebel- und Knoblauchwürfel zugeben und hell anschwitzen. Bohnen und Erbsen zugeben und kurz mitschwitzen. Kartoffelscheiben, Tomaten und Paprikawürfel zugeben und erhitzen. Mit Salz und Pfeffer abschmecken und mit Petersilie bestreuen.

Tip:

Dazu paßt frischer Krautsalat oder Blattsalat. Frische Küchenkräuter wie Basilikum, Thymian oder Oregano sorgen für Abwechslung.

Zutaten

- 500 g mehlige Kartoffeln
- 300 g Gemüsepaprika grün
- 300 g Gemüsepaprika rot
- 500 g Tomaten
- 120 g Zwiebeln
- 10 g Knoblauch
- 300 g Erbsen grün
- 10 ml Olivenöl oder Sojaöl
- 200 g Bohnen grün frisch gegart
- Meersalz
- grob zerstoßener schwarzer Pfeffer frisch gemahlen
- 1 EL feingehackte Petersilie

Pro Portion:
kcal 289 • EW 11,9
F 9 • KH 39 • ES 0
Ca 102 • LinS 1,3
AraS 0,0 • Chol 1,6
Vit C 276,8 • Vit D 0
Vit E 5,6 • Hsr 204

Rezept 58

Kartoffel-Nudeln mit frischen Steinpilzen

4 Portionen

Zutaten

Für die Kartoffelnudeln:
400 g mehlige Kartoffeln
150 g Dinkel-Vollkornmehl
50 g Emmentaler
80 g Hühnereiweiß (2 Stück)
Meersalz
weißer Pfeffer frisch gemahlen

Für die Pilze:
500 g frische Steinpilze
40 g Butter oder Margarine oder Milchhalbfett
2 g Petersilienblatt
1 g Thymian
150 g Zwiebeln (ganz klein)
1/8 l Basensauce (Rezept 31)
Meersalz
Pfeffer frisch gemahlen

Pro Portion:
kcal 312 • EW 16,4
F 9 • KH 40 • ES 0
Ca 197 • LinS 0,7
AraS 0,0 • Chol 25
Vit C 22,4
Vit D 2,6 • Vit E 0,1
Hsr 129

Zubereitung:

1. Mehlige Kartoffeln waschen und in Alufolie wickeln. Bei 200° C im vorgeheizten Ofen 1 Stunde backen. Herausnehmen und pellen. Das Dinkelmehl auf eine Arbeitsfläche häufen, in die Mitte eine Mulde drücken. Den feingeriebenen Emmentaler, Salz und Pfeffer hineingeben. Die heißen Kartoffeln durch die Kartoffelpresse kranzförmig auf den Mehlrand drücken. Das Eiweiß in die Mulde gleiten lassen. Alles rasch zu einem glatten Teig verkneten und diesen kurz ruhen lassen. Den Kartoffelteig zu Strängen von 2 cm Durchmesser rollen und mit Mehl bestäuben. Die Rollen mit einem großen Messer in etwa 1 cm große Stücke schneiden. Teigstücke in der Hand zu Nudeln rollen, die an beiden Enden jeweils spitz zulaufen. Die Kartoffelnudeln in leicht gesalzenem, kochenden Wasser in etwa 6 Minuten garziehen lassen. Sie sind fertig, sobald sie an die Oberfläche steigen. Die Nudeln mit einem Schaumlöffel aus dem Kochwasser heben und gut abtropfen lassen. Mit den Steinpilzen auf vorgewärmten Tellern anrichten und mit Thymian und Petersilie bestreut servieren.
2. Für die Steinpilze die kleinen Zwiebeln schälen und längs halbieren. Die Butter in einer Kasserolle zerlassen und die Zwiebeln darin bei geringer Hitze und unter ständigem Rühren 10 Minuten anschwitzen. Die Steinpilze sehr sorgfältig putzen (nur waschen, wenn unbedingt nötig) und längs in dünne Scheiben schneiden. Zu den Zwiebeln geben und kurz mitbraten lassen. Mit Salz, Pfeffer und Thymianblättchen würzen. Die Basensauce zugeben, kurz aufkochen und abschmecken.

Rezept 59

Gefüllte Ofenkartoffeln

4 Portionen

Frische unbehandelte Kartoffeln vom Acker sind der Idealfall. Die Sorten Aula, Grata und Quarta eignen sich besonders gut. Mehlig aber festkochend soll die Sorte sein. Für die Füllung sollte man den kräftig schmeckenden Spitzpaprika dem üblichen kantigen Blockpaprika vorziehen.

Zubereitung:

1. Die gleichmäßig großen Kartoffeln gründlich waschen, abtropfen lassen und in Alufolie wickeln. Bei 200° C im vorgeheizten Ofen etwa 1 Stunde garen.
2. Die Zwiebeln und den Knoblauch schälen und beides fein hacken. Die Paprikaschoten waschen, halbieren, Samen und Scheidewände entfernen und das Fruchtfleisch in etwa 1 cm große Quadrate schneiden. Die Tomaten blanchieren, kalt abschrecken, häuten, Stielansatz und Samen entfernen und das Fruchtfleisch in Stücke schneiden.
3. Das Olivenöl in einer Pfanne erhitzen, die Zwiebel- und Knoblauchwürfel darin hell anschwitzen. Die Paprikawürfel bei geringer Hitze 5 Minuten mitschwitzen. Die Tomaten zugeben und weitere 2 Minuten dünsten. Die Gewürze und die frischen Oreganoblättchen einrühren.
4. Für das Basilikumpesto kleingeschnittenen Knoblauch mit frischen Basilikumblättchen, Zitronensaft, Salz, Pfeffer und kaltgepreßtem Olivenöl aufmixen.
5. Kartoffeln aus dem Ofen nehmen und Alufolie entfernen. Das obere Drittel der Kartoffeln längs abschneiden, den unteren Teil aushöhlen, dabei soll ein etwa 5 mm breiter Rand stehen bleiben. Die abgeschnittenen Deckel schälen und ebenso wie das Ausgehöhlte kleinschneiden und mit der Paprika-Tomaten-Mischung vermengen. Abschmecken, die Masse in die ausgehöhlten Kartoffeln füllen und mit einem Klecks Basilikumpesto servieren.

Zutaten
4 große festkochende Kartoffeln (je 250 g)
1000 g Kartoffeln ungeschält

Für die Füllung:
400 g Paprikaschoten rote und grüne Spitzpaprika
350 g Tomaten
10 ml Olivenöl oder Sojaöl
120 g Zwiebeln
10 g Knoblauch
2 g Oregano
Meersalz
weißer Pfeffer frisch gemahlen
Kümmel gemahlen

Für das Knoblauchpesto:
5 g Knoblauch
5 g Basilikum frisch
20 ml Olivenöl oder Weizenkeimöl
Meersalz
Pfeffer
Zitronensaft

Pro Portion:
kcal 291 • EW 7,7
F 8 • KH 44 • ES 0
Ca 54 • LinS 1,0
AraS 0,0 • Chol 0
Vit C 194,8 • Vit D 0
Vit E 4,3 • Hsr 64

Rezept 60

Rösti mit Gemüsegulasch

4 Portionen

Zutaten

Für die Rösti:
800 g mehlige Kartoffeln
40 g Butterschmalz oder Pflanzenmargarine
Meersalz
weißer Pfeffer frisch gemahlen

Für das Gemüsegulasch:
150 g Wurzelpetersilie
150 g Karotten
150 g Kohlrabi
80 g Jungzwiebeln
2 g Küchenkräuter
20 g Butter/ Milchhalbfett
1/8 l Gemüse-Basensauce
(Rezept 33)
Meersalz
Pfeffer frisch gemahlen

Pro Portion:
kcal 296 • EW 6,8
F 13 • KH 36 • ES 0
Ca 82 • LinS 0,7
AraS 0,0 • Chol 41
Vit C 78,2
Vit D 0,3 • Vit E 1,7
Hsr 63

Zubereitung:

1. Jungzwiebeln mit Grün in feine Streifen schneiden. Gemüse putzen, waschen, schälen und in Scheiben oder Streifen schneiden. Zwiebelringe in einer Pfanne mit zerlassener Butter anschwitzen, Gemüse zugeben, salzen, pfeffern, kurz mitschwitzen und mit Gemüsebrühe zugedeckt weichdünsten. Dabei immer etwas Brühe nachgießen. Die Brühe muß verdunstet sein, wenn das Gemüse weich ist. Mit der Basensauce mischen und mit feingehackten Küchenkräutern, Salz und Pfeffer gut abschmecken.
2. Die Kartoffeln schälen, mit einem Gemüsehobel in feine Stifte schneiden, trockentupfen, salzen und pfeffern. In einer kleinen Pfanne (etwa 15 cm Durchmesser) das Butterschmalz erhitzen,/der Kartoffeln einfüllen, leicht festdrükken und die Rösti von beiden Seiten goldbraun braten. In gleicher Weise weitere 3 Rösti braten.
3. Die Rösti auf vorgewärmten Tellern anrichten und dazu das leicht gebundene Gemüsegulasch servieren.

Tip:

Sie können die Rösti auch wie eine Pizza belegen und überbacken. Zum Belegen eignen sich Tomaten, Auberginen, Zucchini, Spinat etc. Mit etwas Magerkäse oder Frischkäse gratinieren. (Es gibt auch fettarmen Mozzarella).

Rezept 61

Gnocchi in Tomatensauce

4 Portionen

Zubereitung:

1. Kartoffeln waschen, abtrocknen und in Alufolie wickeln. Bei 200° C im vorgeheizten Ofen 1 Stunde backen.
2. Tomaten waschen, halbieren, Stielansätze und Samen entfernen und das Fruchtfleisch klein schneiden. Mit den Karotten-, Zwiebel- und Selleriewürfeln in einen Topf geben und zugedeckt bei niedriger Temperatur etwa 20 Minuten köcheln lassen, bis das Gemüse weich ist. Die Sauce aufmixen, evtl. passieren und mit Zucker, Salz und Pfeffer abschmecken.
3. Für die Gnocchi die gebackenen Kartoffeln schälen. Das Mehl auf eine Arbeitsfläche häufen, in die Mitte eine Mulde drücken. Eiweiß und Salz hineingeben. Die noch heißen Kartoffeln durch eine Kartoffelpresse kranzförmig auf den Mehlrand drücken und alles zügig zu einem glatten Teig verkneten. Diesen 10–15 Minuten ruhen lassen. Anschließend zu 2 Strängen von 2 cm Durchmesser rollen und mit Mehl bestäuben. Die Teigstränge etwas platt drücken und mit einem scharfen Messer in etwa 1 cm dicke Scheiben schneiden. Die Gnocchi einzeln über die Rückseite einer Gemüseraspel rollen, um ein dekoratives Gittermuster zu erhalten.
4. Gnocchi portionsweise in sprudelnd kochendes Salzwasser einlegen und die Hitze reduzieren. Sobald sie an die Oberfläche steigen, sind sie gar. Herausnehmen und gut abtropfen lassen. Olivenöl und Frischkräuter in die Tomatensauce geben. Die Gnocchi unter die Sauce mischen und in eine gebutterte Auflaufform füllen. Mit Pecorino sardo oder Parmesan bestreuen und mit Butterflöckchen besetzen. Bei 200° C im vorgeheizten Ofen 15 Minuten gratinieren. Mit Basilikum garnieren.

Zutaten

Für die Gnocchi:
900 g Kartoffeln ungeschält (mehlig kochende Kartoffeln)
150 g Dinkel-Vollkornmehl
40 g Hühnereiweiß (1 Stück)
Salz

Für die Tomatensauce:
800 g Tomaten
80 g Karotten
100 g Zwiebeln
100 g Bleichsellerie
10 g Olivenöl oder Sojaöl
20 g Zucker/Rohzucker
Salz, Pfeffer
1 EL rotes Basilikum
1 TL Thymianblättchen
20 g Hartkäse Magerstufe (Pecorino oder frisch geriebener Parmesan)
20 g Butter oder Margarine oder Milchhalbfett

Pro Portion:
kcal 405 • EW 14,8
F 7 • KH 69 • ES 0
Ca 153 • LinS 1,1
AraS 0,0 • Chol 7,2
Vit C 92,7 • Vit D 0
Vit E 2,9 • Hsr 112

Rezept 62

Dinkel-Gnocchi mit Tomatensugo

4 Portionen

Zutaten
650 g mehlige Kartoffeln gegart (mehlige Sorte, in der Folie frisch gebacken, 600–700 g)
250 g Dinkel-Vollkornmehl
100 g Dinkelgrieß
40 g Hühnereiweiß (1 Stück)
Meersalz

Für den Tomatensugo:
700 g Tomaten
50 g Zwiebeln
20 g Olivenöl
2 g Knoblauch
Meersalz
Pfeffer frisch gemahlen
1 Rosmarinzweig
1 EL gehacktes Basilikum
Basilikumblättchen zum Garnieren

Pro Portion:
kcal 492 • EW 16,3
F 9 • KH 84 • ES 0
Ca 60 • LinS 0,1
AraS 0,0 • Chol 0,7
Vit C 63,9 • Vit D 0
Vit E 3,1 • Hsr 97

Zubereitung:

1. Die Kartoffeln waschen. Dazu die Kartoffeln in Alufolie wickeln und bei 200° C im vorgeheizten Ofen (Gitter) 1 Stunde backen. Herausnehmen und pellen.
2. Das Mehl auf eine Arbeitsfläche häufen, in die Mitte eine Mulde drücken, Grieß, Salz und Eiweiß hineingeben. Die heißen Kartoffeln kranzförmig mit der Kartoffelpresse auf den Mehlrand drücken und alles von außen nach innen zu einem glatten Teig verkneten. Kurz ruhen lassen. Den Kartoffelteig zu dünnen Strängen von etwa 5 mm Dicke rollen und mit Mehl bestäuben. Davon 1 cm lange Stücke abschneiden.
3. Die Gnocchi in sprudelnd kochendem Salzwasser einlegen und 2–3 Minuten garziehen lassen. Sobald sie an die Oberfläche steigen, kurz köcheln lassen, dann mit einem Schaumlöffel vorsichtig herausheben, mit etwas zerlassener Butter bepinseln und mit geriebenem fettarmen Käse bestreuen. Mit der Tomatensauce servieren.
4. In der Zwischenzeit die Tomaten kurz blanchieren, häuten, vierteln, Samen und Stielansatz entfernen und das Fruchtfleisch in kleine Würfel schneiden. Öl in einer Kasserolle erhitzen, Schalottenwürfel und Knoblauchzehe darin hell anschwitzen. Die Tomatenwürfel, Rosmarin und Basilikum kurz mitschwitzen. Mit Salz und Pfeffer würzen.
5. Die Gnocchi auf Tellern anrichten und die Tomatensauce darübergießen. Mit frischen kleinen Basilikumblättchen garnieren.

Tip:

Die Gnocchi lassen sich mit weiteren Zutaten hervorragend variieren und aufwerten, z. B. mit frisch gekochten Scampi oder Muscheln.

Rezept 63

Kürbis-Gnocchi mit Spinat

4 Portionen

Zubereitung:

1. Den Kürbis auf ein Backblech legen, in den Ofen schieben und bei 180° C 90 Minuten garen. Etwas abkühlen lassen, durchschneiden und mit einem Löffel die Kerne entfernen. Das Fruchtfleisch mit einem Löffel herausheben und 250 g für das Püree abwiegen. Das Kürbisfleisch in der Küchenmaschine pürieren.
2. Die Kürbismasse mit Eiweiß, Mehl, Parmesan, Salz und Pfeffer zu einem glatten Teig verarbeiten und Gnocchi formen. Dazu den Teig in dünne Stränge ausrollen und davon Gnocchi abschneiden. Diese in sprudelnd kochendes Salzwasser geben, 5 Minuten köcheln lassen und mit einem Schaumlöffel herausnehmen. Auf dem Spinat anrichten, mit Pecorino Käse bestreuen und mit etwas Butter beträufeln.
3. Den Spinat putzen und waschen. Die gehackte Zwiebeln in etwas Butter anschwitzen, den Spinat zugeben und gerade eben zusammenfallen lassen. Mit Salz, Pfeffer und Muskatnuß gut abschmecken.

Tip:

Diese Gnocchi können natürlich auch mit einer Tomatensauce (Rezept 61/62) serviert werden, was einen hübschen Farbeneffekt ergibt. Ebenso gut passen sie zu Gemüse-Ratatouille.

Zutaten

800 g Gartenkürbis
50 g Dinkel Vollkornmehl
40 g Hühnereiweiß (1 Stück)
50 g Hartkäse Magerstufe
Salz
Pfeffer frisch gemahlen

Für den Spinat:

300 g Blattspinat
50 g Zwiebeln
10 g Butter halbfett oder Margarine
50 ml Weißwein halbtrocken
10 ml Sahne 10% Fett
100 ml Gemüsebrühe (Rezept 17/18)
Salz
Pfeffer
Muskat

Pro Portion:
kcal 128 • EW 10,5
F 2 • KH 13 • ES 0
LinS 0,3 • AraS 0,0
Vit C 62 • Vit D 0,4
Vit E 2,3 • Chol 8,2
Hsr 70

Rezept 64

Erdäpfelschnecken mit Majoran

6 Portionen

Zutaten

Für den Teig:
1000 g Kartoffeln gegart (mehlig kochende Sorte)
250 g Dinkel-Vollkornmehl
120 g Hühnereiweiß (3 Stück)
Meersalz

Für die Füllung:
300 g frische Pilze
350 g Zwiebeln
20 g Butter oder Margarine oder Milchhalbfett
10 g Majoran
5 g Petersilie
Meersalz
weißer Pfeffer frisch gemahlen

Für den Guß:
Meersalz
weißer Pfeffer frisch gemahlen
¼l Basensauce als Guß (Rezept 32)

Pro Portion:
kcal 286 • EW 11,3
F 3 • KH 52 • ES 0
LinS 0,6 • AraS 0,0
Vit C 27 • Vit D 0,1
Vit E 0,8 • Chol 4,6
Hsr 70

Zubereitung:

1. Die mehligen Kartoffeln gut sauber machen und mit der Schale auf einem Backblech bei 200°C im Ofen 1 Stunde backen. Herausnehmen, die warmen Kartoffeln aufbrechen und mit einem Löffel aushöhlen. Durch die Kartoffelpresse drücken und auf einer Arbeitsplatte erkalten lassen. Für den Teig in die Mitte eine Mulde drücken, Eier und Salz hineingeben, mit etwas Kartoffelmasse verarbeiten und das feingemahlene Vollkornmehl darübergeben. Alles mit den Händen zu einem glatten Teig verkneten und/Stunde ruhen lassen.
2. Für die Füllung die Zwiebeln schälen und fein hacken. Pilze putzen und fein hacken. Die Butter in einer Pfanne zerlassen und darin die Zwiebeln sowie die gehackten Pilze samt Küchenkräutern 5 Minuten bei geringer Hitze anschwitzen. Mit Salz und Pfeffer würzen und die Masse auskühlen lassen. Den Teig auf einer bemehlten Arbeitsfläche zu einer 5 mm dicken Platte ausrollen und die abgekühlte Zwiebel-Kräutermischung mit einer Palette gleichmäßig auf der ausgerollten Teigplatte verstreichen. Die Teigplatte in 4 cm breite, etwa 20 cm lange Streifen schneiden. Diese spiralenförmig aufrollen und nebeneinander in eine gebutterte Form setzen. Bei 200°C im vorgeheizten Ofen 25 Minuten backen.
3. In der Zwischenzeit für den Guß die Basensauce mit Salz und Pfeffer verquirlen. Die Form aus dem Ofen nehmen und den Guß nicht über, sondern zwischen die Teigschnecken gießen. So werden sie gleichmäßig gar und trocknen nicht aus. Wieder in den Ofen schieben und bei gleicher Hitze ca. 20 Minuten backen.

Rezept 65

Geraspelte Kartoffelrösti ohne Ei

4 Portionen

Zubereitung:

1. Kartoffeln schälen, fein raspeln, kurz stehen lassen und leicht ausdrücken, damit das Stärkewasser die Masse nicht glasig macht. Die Masse salzen, pfeffern und mit feingeschnittener Zitronenmelisse und Muskat würzen. In 4 Portionen teilen.
2. In einer kleinen Eisenpfanne etwas Butterschmalz erhitzen. Jeweils eine Portion Kartoffeln einfüllen, leicht festdrücken und von beiden Seiten goldbraun braten. Sofort servieren oder für kurze Zeit im Ofen warmhalten.

Tip:

Kartoffelrösti können eine passende Beilage oder auch ein Hauptgericht sein. Man kann sie auch mit gedämpftem, gut gewürztem Blattspinat oder geschmortem Fenchelgemüse belegen und wie eine Pizza servieren.
Berner Rösti werden ebenso gemacht, nur mit gekochten, grob geraspelten Kartoffeln. Geben Sie frische Küchenkräuter (Oregano, Majoran) zur Röstimasse.

Zutaten
800 g festkochende Kartoffeln
20 g Butterschmalz oder Pflanzenmargarine
Meersalz
Muskatnuß
weißer Pfeffer frisch gemahlen
1 EL Zitronenmelisse

Pro Portion:
kcal 186 • EW 4,1
F 5 • KH 30 • ES 0
Ca 12 • LinS 0,1
AraS 0,0 • Chol 17
Vit C 34,0 • Vit D 0
Vit E 0,3 • Hsr 32

Rezept 66

Kartoffelgratin

4 Portionen

Zutaten
1000 g festkochende Kartoffeln geschält
5 g Knoblauch
650 ml Kuhmilch entrahmt
125 ml Sahne 10% Fett
80 g Emmentaler
20 g Butter oder Margarine oder Milchhalbfett
weißer Pfeffer frisch gemahlen
Meersalz
1 Prise Muskatnuß

Pro Portion:
kcal 370 • EW 17,8
F 12 • KH 47 • ES 0
Ca 471 • LinS 0,4
AraS 0,0 • Chol 40
Vit C 44,6
Vit D 0,3 • Vit E 0,4
Hsr 42

Zubereitung:

1. Die Kartoffeln schälen und in gleichmäßig dünne Scheiben schneiden oder hobeln. Eine ofenfeste Form mit der Knoblauchzehe ausreiben und mit 10 g Butter bestreichen. Die Kartoffelscheiben schuppenförmig in die Form schichten. Jede Lage sparsam salzen und pfeffern. Zum Schluß mit Muskat würzen. Den feingeriebenen Käse überstreuen. Milch und Sahne zugießen und darauf achten, daß die Flüssigkeit die Kartoffeln nur knapp bedeckt und nicht zu dick am Formenrand steht. Sonst könnte die Milch-Sahne-Mischung im Backofen überschäumen.
2. Die restliche Butter in Flöckchen auf das Gratin geben und im Backofen bei 180° C 30–40 Minuten backen.

Tip:

Thymian, Rosmarin und eine kräftige Portion Knoblauch geben den Kartoffeln eine südliche Note. Dieses Gratin ist auch als Beilage zu diversen Gemüsegerichten (Soufflés und Terrinen) bestens geeignet. Mit Spinat eine ideale Kombination.

Rezept 67

Risotto von Radicchio mit Rucola

4 Portionen

Zutaten
50 g Schalotten
5 g Knoblauch
20 g Butter oder Margarine oder Milchhalbfett
200 g Rundkornreis
160 ml Weißwein trocken
700 ml Gemüsebrühe (Rezept 17/18)
200 g Radicchio
Meersalz
weißer Pfeffer frisch gemahlen
20 g Rucola

Zubereitung:

Schalotten und Knoblauch fein würfeln. In heißer Butter glasig schwitzen. Den Reis zugeben und unter Rühren ebenfalls glasig werden lassen. Salzen, mit Weißwein ablöschen und die Flüssigkeit im offenen Topf bis auf die Hälfte reduzieren, also einkochen lassen. Unter häufigem leichtem Rühren etwa 15 Minuten im offenen Topf köcheln lassen. Dabei von der Gemüsebrühe jeweils soviel zugießen, daß der Reis immer leicht bedeckt ist. Geschnittenen Radicchio zugeben und kurz erhitzen. Nochmals nachschmecken. Rucola grob schneiden und untermischen.

Tip:

In Italien gibt man etwa 20 g feingeriebenen Parmesan zu diesem Risotto. Spargel, Gemüse, Pilze und Kräuter sind als Varianten ebenso geeignet. Beachten Sie, daß Vollkornreis mehr als doppelt so lang braucht, daher mehr Flüssigkeit parat stellen.

Pro Portion:
kcal 127 • EW 2,2
F 6 • KH 9 • ES 0
Ca53 • LinS 0,2
AraS 0,0 • Chol 8,1
Vit C 18,3
Vit D 1,2 • Vit E 0,1
Hsr 21

Rezept 77

Risotto mit Paprikagemüse

4 Portionen

Zutaten
400 g Rundkornreis ungeschält
80 g Schalotten
150 ml Weißwein halbtrocken
1,2 l Gemüsebrühe (Rezept 17/18)
20 g Butter oder Margarine oder Milchhalbfett
Pfeffer frisch gemahlen
Meersalz

Für das Paprikagemüse:
600 g Paprikaschoten
80 g Schalotten
20 ml Olivenöl
⅛ l Basen-Grundsauce (Rezept 33)
30 g Tomatenmark
2 g Küchenkräuter
40 g Hartkäse Magerstufe
Meersalz
Pfeffer frisch gemahlen
1 TL Paprikamark

Pro Portion:
kcal 504 • EW 13,9
F 10 • KH 83 • ES 0
Ca 175 • LinS 1,5
AraS 0,0 • Chol 7,3
Vit C 214,9
Vit D 1,1 • Vit E 5,7
Hrs 163

Zubereitung:

1. Für den Risotto die Schalotten schälen und fein hacken. Butter in einem entsprechend großen Topf zerlassen und die Schalotten darin glasig schwitzen. Den Reis dazugeben und unter ständigem Rühren ebenfalls glasig werden lassen.
2. Mit Weißwein ablöschen und die Flüssigkeit im offenen Topf einkochen lassen. Die Hälfte der Gemüsebrühe zugießen und den Reis bei mittlerer Hitze unter wiederholtem Rühren garen, bis die Flüssigkeit fast verdampft ist. Die restliche Gemüsebrühe dazugießen und unter erneutem Rühren weiterköcheln lassen, bis der Risotto gar ist. Das dauert bei weißem Reis ca. 20 Minuten und bei Vollkornreis ca. 40 Minuten. Mit Salz und Pfeffer würzen.
3. Für das Paprikagemüse die Schoten bei 220° C im vorgeheizten Ofen backen, bis die Haut Blasen wirft und leicht braun ist. Schoten herausnehmen und unter einem feuchten Tuch oder in einer Plastiktüte schwitzen lassen und von oben nach unten häuten. Längs halbieren, Samen und Scheidewände entfernen und das Fruchtfleisch in 1,5 cm große Quadrate schneiden. Die Schalotten schälen, fein hakken. In einer Pfanne das Öl erhitzen und die Schalotten darin hell anschwitzen. Die Paprikawürfel zugeben und unter Rühren 2–3 Minuten mitschwitzen, dann salzen und pfeffern. Den Wein angießen, Tomaten und Paprikamark einrühren und weitere 2–3 Minuten gardünsten. Die Kräuter (Basilikum, Petersilie, Rosmarin, Thymian) einstreuen und die Basensauce untermischen. Den Risotto auf vorgewärmten Tellern anrichten, das Paprikagemüse über den Reis verteilen, mit dem feingeriebenen Käse bestreuen und servieren.

Rezept 78

Fenchelrisotto mit Vollkornreis

4 Portionen

Zutaten

500 g Fenchelknolle
50 g Schalotten
400 g Reis ungeschält (Rundkornreis im Silberhäutchen)
20 g Butter oder Margarine oder Milchhalbfett
Meersalz
weißer Pfeffer frisch gemahlen
1 EL gehacktes Fenchelgrün
800 ml Gemüsebrühe (Rezept 17/18)
150 ml Weißwein halbtrocken
50 g Gorgonzola Magerstufe

Pro Portion:
kcal 475 • EW 13,1
F 8 • KH 79 • ES 0
Ca 251 • LinS 1,1
AraS 0,0 • Chol 20
Vit C 117,4
Vit D 1,2 • Vit E 8,4
Hsr 157

Zubereitung:

1. Die Schalotten schälen und in feine Würfel schneiden. Die Fenchelknollen waschen, abtrocknen, den Wurzelansatz und die grünen Stengel abschneiden. Wenn nötig, die harten, äußeren Rippen entfernen. Die Fenchelknollen längs vierteln und quer in feine Streifen schneiden.
2. In einem genügend großen Topf die Butter zerlassen und die Schalottenwürfel und Fenchelstreifen darin glasig anschwitzen. Den Reis zugeben und unter Rühren ebenfalls glasig werden lassen. Etwas Gemüsebrühe angießen und den Risotto im offenen Topf 30–40 Minuten köcheln lassen, dabei mehrmals umrühren, damit der Reis sich nicht ansetzt. Während des Kochens den Gemüsefond nach und nach zugießen, der Reis sollte immer gerade von Flüssigkeit bedeckt sein. Abschmecken.
3. Gorgonzola in Scheiben schneiden. Den Fenchelrisotto auf vorgewärmten Tellern verteilen, mit je einer Scheibe Gorgonzola belegen, mit etwas Fenchelgrün bestreuen und sofort servieren.

Tip:

Den gleichen Risotto können Sie auch mit Stangensellerie, Rucola oder Radicchio Trevesiano machen. Fenchel ist das ganze Jahr über in guter Qualität zu bekommen. Im Frühjahr gibt es ihn in Süditalien, Griechenland oder auf Kreta sogar wild. Dieser schmeckt noch wesentlich intensiver.

Rezept 79

Safranrisotto mit Pfifferlingen

4 Portionen

Zutaten

Für den Risotto:
400 g Rundkornreis
150 g Zwiebeln (die Hälfte davon Schalotten)
50 g Bleichsellerie
200 g frische Pfifferlinge
30 g Butter oder Margarine oder Milchhalbfett
150 ml Weißwein halbtrocken
1,2 l Gemüsebrühe (Rezept 17/18)
0,5 g Safran
1 EL gehackte Petersilie
Meersalz
weißer Pfeffer frisch gemahlen

Pro Portion:
kcal 427 • EW 9,4
F 4 • KH 81 • ES 0
Ca 52 • LinS 0,5
AraS 0,0 • Chol 11
Vit C 6,4 • Vit D 2,1
Vit E 0,4 • Hsr 174

Zubereitung:

1. Die Schalotten schälen, den Stangensellerie putzen und beides sehr fein würfeln. Die Zwiebeln schälen und sehr fein hacken. Die Pfifferlinge sorgfältig putzen und waschen. Abtropfen lassen und trockentupfen. Größere Exemplare vierteln, kleinere ganz lassen.
2. In einem Topf mittlerer Größe Butter zerlassen und Schalotten und Sellerie darin anschwitzen. Den Reis zuschütten und unter Rühren mitschwitzen lassen, bis er glasig ist. Mit Weißwein ablöschen, diesen etwas reduzieren. Nach und nach die Gemüsebrühe angießen, mit Salz, Pfeffer und Safranpulver würzen und den Reis unter häufigem Umrühren in 12–15 Minuten garen und auf vorgewärmten Tellern anrichten.
3. Die restliche Butter in einer Pfanne erhitzen und die Zwiebelwürfel darin glasig anschwitzen. Pilze zugeben, nur kurz anbraten und mit Salz und Pfeffer würzen. Mit gehackter Petersilie bestreuen und zum Risotto servieren.

Tip:

Sie können auch Sommertrüffel, Steinpilze, Morcheln oder andere Pilze für den Risotto nehmen. Sehr gut passen auch geschälte Tomatenwürfel mit Basilikumblättern sowie etwas Parmesan zu diesem Reisgericht.

Gemüse als Vorspeise, Hauptgericht oder Abendessen

Das Wichtigste auf einen Blick

Mit Kräutern und Öl marinierte Antipasti gehören in großer Vielfalt zum Angebot der italienischen Küche. Sie verkürzen die Wartezeit auf die Pasta. Weich gegartes Gemüse, frische Mittelmeerkräuter, Knoblauch nach Bedarf und bestes Öl – so einfach ist das Rezept. Je feiner das Öl, desto wertvoller die Speise. Das Öl ist Gewürz und Frischhaltemittel zugleich. Nur die Menge muß etwas zurückgenommen werden. Mit zart grünem, duftenden Olivenöl kann man von der Karotte bis zum Spinat jedes Gemüse zu einer Köstlichkeit machen, die gut vorbereitet werden kann und im Kühlschrank (je nach Gericht) 1–2 Tage gut hält.

Der Großteil der im Rezeptteil angeführten Gemüse-Antipasti ist auch hervorragend als leichtes Mittagessen oder Abendessen geeignet, entweder leicht erwärmt mit einem Stück Brot, mit ein paar gedämpften Kartoffeln, mit ein paar Nudeln oder einer kleinen Portion Reis serviert. Gerade dazu schmeckt ein guter Vollkornreis phantastisch.

Am Abend Gemüse-Antipasti statt Rohkostsalate – heißt meine Empfehlung.

Im Gegensatz zu Rohkostsalaten – die mittags, nicht aber am Abend gegessen werden sollten – zählt gekochtes Gemüse nicht zu den „gärungsfreudigen" Gerichten. Wenn Sie empfindlich auf Zwiebeln und Knoblauch reagieren, dann lassen Sie dieses Gemüse einfach weg es schmeckt immer noch gut. Gedämpfter Blattspinat ist in diesem Fall leichter bekömmlich als Bohnensalat mit Rosmarin. Schlagen Sie die Rubrik „Basensuppen" auf und Sie finden genügend leichte, magenwärmende Suppen, die am Abend genauso empfehlenswert sind wie leichte Fischgerichte mit Gemüse. Aus diesen Speisen kann jede Menü-Reihenfolge kreiert werden.

Rezept 80

Wirsingrouladen

4 Portionen

Zubereitung:

1. Kastanien kreuzweise einschneiden, bei 220° C im vorgeheizten Ofen 10 Minuten backen, herausnehmen und noch heiß schälen, dabei auch die braunen Innenhäutchen entfernen. Kastanien am besten mit einem kleinen Tuch halten.
2. Stangensellerie putzen, Karotten, Zwiebeln und Knoblauch schälen. Sellerie, Zwiebeln, Knoblauch und 100 g Karotten klein würfeln. Die Butter zerlassen, die Kastanien zugeben, mit Zucker bestreuen und kurz glasieren. Die Gemüsewürfel zufügen, Thymianblättchen einstreuen, salzen und pfeffern. Sahne und Gemüsebrühe angießen und zugedeckt bei geringer Hitze etwa 25 Minuten garen, dabei mehrmals umrühren. In eine Schüssel umfüllen und gut abschmecken. Die Mischung fein pürieren und das Eiweiß und die übrige, fein gewürfelte Karotte unterrühren.
3. Die Wirsingblätter in sprudelnd kochendem Salzwasser 5 Minuten kochen, herausnehmen und kalt abschrecken. Die dicken Mittelrippen flach abschneiden. Die Blätter auf einer Arbeitsfläche ausbreiten, salzen, pfeffern und das Kastanienpüree darauf verteilen. Flachstreichen und die Blätter zu Rouladen rollen, dabei die Ränder zur Mitte hin einschlagen, damit die Füllung nicht herausquellen kann.
4. In einem großen Topf die Butter zerlassen, Wirsingrouladen darin von allen Seiten kurz anbraten. Weißwein und Gemüsebrühe zugießen, die Hitze reduzieren und 15 Minuten schmoren. Die Rouladen herausheben und warmstellen. Die Sauce mit der Basensauce mischen, die Sahne zugießen und heiß machen, nicht mehr kochen. Salzen, pfeffern und Thymianblättchen einstreuen. Die Rouladen mit der Sauce auf Teller anrichten und mit Vollkornnudeln oder Gemüsepüree servieren.

Zutaten
200 g Wirsingkohl
(4 schöne Wirsingblätter mittelgroß aus der Mitte) oder Mangold
20 g Butter halbfett
50 ml Weißwein halbtrocken
1/4 l Gemüse-Basensauce (Rezept 33)
1 g Thymian
Meersalz
weißer Pfeffer frisch gemahlen

Für die Füllung:
650 g Edelkastanien
60 g Bleichsellerie
150 g Karotten
80 g Zwiebeln
2 g Knoblauch
20 g Butter oder Margarine oder Milchhalbfett
10 g brauner Rohzucker
200 ml Gemüsebrühe (Rezept 17/18)
20 ml Sahne 10% Fett
1 g Thymian
40 g Hühnereiweiß (1 Stück)
Meersalz
weißer Pfeffer frisch gemahlen

Pro Portion:
kcal 389 • EW 8,0
F 9 • KH 66 • ES 0
LinS 1,5 • AraS 0,0
Vit C 74 • Vit D
Vit E 3,7 • Chol
Hrs

Rezept 81

Gefüllte Kürbisblüten mit Paprikasauce

4 Portionen

Zutaten
350 g Zucchini
50 g Zwiebeln
10 g Butter oder Margarine oder Milchhalbfett
30 ml Gemüsebrühe (Rezept 17/18)
30 ml Weißwein halbtrocken
80 g Vollkornbrötchen
Salz
Pfeffer
Muskatnuß
12 Kürbisblüten

Für die Paprikasauce:
500 g Gemüsepaprika rot
3 g Knoblauch
30 g Schalotten
10 g Butter oder Margarine oder Milchhalbfett
200 ml Gemüsebrühe (Rezept 17/18)
30 ml Weißwein halbtrocken
Salz
1 Lorbeerblatt
1 Thymianzweig

Zubereitung:

1. Die Zucchini waschen, Stiel und Blütenansatz entfernen und in kleine Würfel schneiden. Die Schalotten schälen und fein hacken. Die Butter in einer Pfanne zerlassen und die Schalottenwürfel darin glasig anschwitzen. Die Zucchiniwürfel kurz mitschwitzen. Mit Salz, Pfeffer und Muskatnuß abschmecken. Den Weißwein angießen, etwas reduzieren und den Gemüsefond zugießen. Die Flüssigkeit solange reduzieren, bis das Gemüse gar und nahezu trocken ist.
2. Das gedünstete Gemüse noch warm mit dem zerpflückten Vollkornbrot im Mixer fein pürieren. Die Masse abschmecken und auskühlen lassen.
3. Den Kelch der Kürbisblüten vorsichtig öffnen und den Blütenstempel mit einem kleinen, scharfen Messer entfernen, dabei darauf achten, daß die Blüte unversehrt bleibt. Die Füllung mit Hilfe eines Spritzbeutels in die Kürbisblüten drücken. Die Spitzen der Blütenblätter zusammendrehen und so die Blüten schließen.
3. Die Butter in einer feuerfesten Form zerlassen und die Schalotten darin glasig anschwitzen. Die Kürbisblüten einlegen, salzen und pfeffern. Den Wein angießen, leicht reduzieren, dann die Gemüsebrühe zugießen. Die Form mit Alufolie abdecken und die gefüllten Blüten bei 180° C im vorgeheizten Ofen 10 Minuten garen.
5. Für die Sauce die Paprikaschoten vierteln, Samen und Scheidewände entfernen und das Fruchtfleisch würfeln. Knoblauch und Schalotten schälen und klein würfeln. Beides in Butter hell anschwitzen. Die Paprikawürfel dazugeben und mitschwitzen, salzen, pfeffern, Thymian und Lorbeerblatt einlegen. Mit Wein und Gemüsebrühe ablöschen. Die Sauce bei schwacher Hitze köcheln lassen, bis die Flüssigkeit auf die Hälfte reduziert ist. Mit einem Pürierstab pürieren, durch ein

feines Sieb passieren und abschmecken. Die gefüllten Kürbisblüten auf Teller anrichten, mit der Paprikasauce umgießen und mit Langkornreis oder einem klassischen Risotto servieren.

Tip:

Kürbis ist auf dem Balkan eine der beliebtesten Gemüsesorten. Daher kennt man dort besonders viele Zubereitungsarten. Dann kommen auch die farbenfrohen Blüten zum Einsatz, wie hier in diesem etwas ausgefallenen, doch sehr delikaten vegetarischen Gericht.

Pro Portion:
kcal 146 • EW 5,2
F 3 • KH 20 • ES 0
Ca 61 • LinS 0,6
AraS 0,0 • Chol 14
Vit C 190,8
Vit D 0,5 • Vit E 4,5
Hrs 53

Rezept 82

Gemüseletscho

6 Portionen

Zutaten
250 g Gemüsepaprika gelb
250 g Gemüsepaprika grün
250 g Kartoffeln geschält
250 g Zwiebeln
20 ml Olivenöl
10 g Paprika edelsüß
250 g Tomaten
250 ml Gemüsebrühe (Rezept 17/18)
Meersalz
je 1 TL gehackter Thymian und Rosmarin

Zubereitung:

1. Die Paprikaschoten vierteln, die Kerngehäuse entfernen und die Schoten in Stücke schneiden. Kartoffeln und Zwiebeln schälen und in Scheiben schneiden. Das Öl in einem Topf erwärmen, Zwiebeln zugeben und kräftig andünsten. Kartoffeln und Paprika hinzufügen und ebenfalls andünsten. Das Paprikapulver darüber verteilen. Salzen und die Gemüsebrühe dazugießen.
2. Die Tomaten überbrühen, abziehen, entkernen und grob zerkleinern. 1 Minute leicht köcheln lassen, Tomaten zugeben und weitere 2 Minuten schmoren. Kräuter darüberstreuen und servieren.

Tip:

Dazu paßt sehr gut Vollkornreis oder Nudeln.

Pro Portion:
kcal 104 • EW 3,0
F 4 • KH 13 • ES 0
LinS 0,6 • AraS 0,0
Vit C 133 • Vit D 0
Vit E 2,9 • Chol 0
Hrs 28

Rezept 83

Gemüse-Gratin

4 Portionen

Zutaten
250 g Kartoffeln ungeschält (kleine neue Kartoffeln)
250 g Blumenkohl
250 g Kohlrabi
250 g Karotten (mit Grün)
250 g grüner Spargel
250 g Brokkoli
20 g Butter oder Margarine oder Milchhalbfett
120 ml Gemüsebrühe (Rezept 17/18)
20 g brauner Rohzucker
20 g Schmelzkäse
Meersalz
/ l Basensauce (Rezept 31)

Pro Portion:
kcal 203 • EW 7,7
F 7 • KH 26 • ES 0
Ca 183 • LinS 0,6
AraS 0,0 • Vit C 0,2
Vit D 0,2 • Vit E 2,9
Chol 16 • Hsr 103

Zubereitung:

1. Die Kartoffeln waschen und im Kocheinsatz weichdämpfen. Das andere Gemüse putzen, in mundgerechte Stücke teilen und ebenfalls im Kocheinsatz weichdämpfen. Kartoffeln schälen und warm halten.
2. Butter in einem Topf schmelzen, je eine Prise Salz und Zucker zugeben und das trockene Gemüse darin anschwitzen. Den Gemüsefond langsam dazugießen und das Gemüse glacieren. Mit Salz und Pfeffer abschmecken. Kartoffeln und Gemüse in tiefen Tellern anrichten, mit Basensauce übergießen und mit Käse belegt kurz gratinieren.

Tip:
Sie können das Gemüse auch mit einer Sauce Hollandaise leicht gratinieren oder mit etwas Basensauce, Sauerrahm und feingeriebenem Magerkäse servieren. Auch die Sauce Hollandaise kann zur Hälfte mit Basensauce gemischt werden und paßt hervorragend zu Spargelgemüse oder Brokkoli.

Rezept 84

Fenchel-Gratin

4 Portionen

Zubereitung:

1. Die Stiele des Fenchels abschneiden und das Grün beiseite legen. Knollen halbieren und den Strunk herausschneiden. Das Gemüse in Salzwasser 3–5 Minuten blanchieren und abtropfen lassen (Gemüsewasser weiterverwenden).
2. Die Fleischtomaten abziehen, vierteln und entkernen. Die Butter in einem Topf schmelzen, das Mehl einstreuen und 2 Minuten anschwitzen. Milch und Sahne unter Rühren dazugießen. Die Sauce 10 Minuten bei schwacher Hitze köcheln, mit Salz und Pfeffer würzen und durchpassieren.
3. Eine Form mit wenig Butter ausstreichen. Die Fenchelhälften in Scheiben schneiden und mit den kleingeschnittenen Tomaten hineingeben. Das Fenchelgrün hacken und darüberstreuen. Das Gemüse salzen, pfeffern und mit der Sauce begießen. Im vorgeheizten Backofen 35 Minuten bei 180° C hell überbacken.

Tip:

Dazu servieren Sie Vollkornreis oder gute Kartoffeln. Eine besonders leichte Mahlzeit ist das Fenchel-Gratin mit einer Schüssel Salat zu Mittag. Genauso können Sie auch Staudensellerie zubereiten oder mit Blumenkohl, Karotten oder Brokkoli kombinieren.

Zutaten

1200 g Fenchelknolle
250 g Tomaten
20 g Butter oder Margarine oder Milchhalbfett
10 g Vollkornmehl
370 ml Kuhmilch entrahmt
125 ml Sahne 10% Fett
Meersalz
weißer Pfeffer frisch gemahlen

Pro Portion:
kcal 182 • EW 12,6
F 6 • KH 18 • ES 0
Ca 488 • LinS 0,6
AraS 0,0 • Chol 28
Vit C 295,6
Vit D 0,2 • Vit E 18,7
Hsr 56

Rezept 85

Gegrillte Auberginen mit Tomatensauce

4 Portionen

Zutaten
800 g Auberginen
60 g Dinkel-Vollkornmehl
80 g Hühnereiweiß (2 Stück)
120 g Semmelbrösel
80 g Hartkäse Magerstufe

Für die Tomatensauce:
500 g Tomaten frisch
80 g Zwiebeln
5 g Knoblauch
50 g Tomatenmark
20 ml Olivenöl
Meersalz
weißer Pfeffer frisch gemahlen
1 kleine rote Chilischote
Kleine Basilikumblättchen zum Garnieren

Pro Portion:
kcal 343 • EW 19,2
F 10 • KH 43 • ES 0
Ca 294 • LinS 1,5
AraS 0,0 • Chol 1,5
Vit C 46,9 • Vit D 0
Vit E 2,8 • Hsr 99

Zubereitung:

1. Die Auberginen waschen, Stielansatz entfernen und der Länge nach in 1 cm dicke Scheiben schneiden. Mit etwas Salz bestreuen und 10 Minuten ziehen lassen.
2. Die Tomaten waschen, Stielansatz entfernen und grob würfeln. Zwiebeln und Knoblauch schälen und fein hacken. Die Chilischote halbieren, Samen und Scheidewände entfernen und das Fruchtfleisch in dünne Streifen schneiden.
3. In einer Kasserolle das Öl erhitzen und Zwiebeln und Knoblauch darin glasig anschwitzen. Tomaten, Chilistreifen und Tomatenmark zufügen, salzen, pfeffern und alles im geschlossenen Topf bei niedriger Hitze in etwa 25 Minuten weich köcheln lassen. Durch ein Sieb passieren und abschmecken.
4. Semmelbrösel und geriebenen Hartkäse in einer flachen Schüssel gut miteinander vermischen. Die Auberginenscheiben mit Küchenpapier sorgfältig abtupfen. Zuerst in Mehl, dann in verquirltem Eiweiß und zum Schluß in der Bröselmischung wenden.
5. Das Öl in einer Pfanne erhitzen, die panierten Auberginenscheiben darin bei mäßiger Hitze von jeder Seite etwa 2–3 Minuten goldbraun ausbacken. Herausnehmen, auf Küchenpapier abtropfen lassen, mit der Tomatensauce anrichten und mit den Basilikumblättchen garnieren.

Tip:

Dazu paßt Blattsalat, Vollkornreis oder feines Spinatgemüse. Sie können die Auberginen mit einem kleinen scharfen Messer schälen, falls die Schale unangenehm stören sollte.

Rezept 86

Gemischte Gemüseplatte

4 Portionen

Zutaten
500 g Kartoffeln ungeschält
150 g Schalotten
350 g Gemüsepaprika rot
350 g Auberginen
350 g Zucchini
10 g Knoblauch
500 g Tomaten
2 g Thymian
10 ml Olivenöl
Meersalz
Pfeffer frisch gemahlen
3 rote Peperoni

Pro Portion:
kcal 193 • EW 7,5
F 4 • KH 30 • ES 0
Ca 84 • LinS 0,7
AraS 0,0 • Chol 0
Vit C 191,9 • Vit D 0
Vit E 4,4 • Hsr 83

Zubereitung:

1. Die Kartoffeln gründlich waschen, bürsten und ungeschält halbieren. Die Schalotten halbieren. Von den Paprikaschoten Samen und Scheidewände entfernen und das Fruchtfleisch grob würfeln. Die Auberginen und Zucchini waschen, Blüten und Stielansatz entfernen. Das Fruchtfleisch der Länge nach halbieren und in 1 cm große Stücke schneiden. Von den Peperoni den Stielansatz entfernen, das Fruchtfleisch ganz lassen.
2. In einem schweren Bräter 2 EL Olivenöl geben. Die Kartoffeln mit der Schnittfläche nach unten nebeneinander hineinlegen und bei 180° C im vorgeheizten Ofen etwa 10 Minuten garen. Dann Schalotten und Knoblauch auf den Kartoffeln verteilen. Weitere 20 Minuten im Ofen garen.
3. Den Bräter aus dem Ofen nehmen, die vorbereiteten Gemüsestücke und die Peperoni zu den Kartoffeln in den Bräter geben, die Thymianzweige auflegen und weitere 10 Minuten garen. Inzwischen die Fleischtomaten waschen, halbieren, den Stielansatz entfernen, ebenfalls in den Bräter geben und vorsichtig unter das Auberginen-Zucchini-Gemüse heben. Mit Salz und Pfeffer aus der Mühle gut abschmecken und weitere 5 Minuten im Ofen belassen.

Tip:

Diese Gemüsepfanne kann lauwarm als Vorspeise (Antipasti) gereicht werden.

Rezept 87

Hirsepfannkuchen mit Gemüse

4 Portionen

Zutaten
300 g Goldkornhirse
80 g Hühnereiweiß (2 Stück)
1,2 l Wasser
2 g Küchenkräuter
40 g Butterschmalz oder Pflanzenmargarine
Meersalz
Muskatnuß
weißer Pfeffer frisch gemahlen

Für den Belag:
400 g Paprikaschoten
200 g Zucchini
80 g Zwiebeln
5 g Knoblauch
10 ml Olivenöl
1 g Thymian
40 g Butterkäse
Meersalz
weißer Pfeffer frisch gemahlen

Pro Portion:
kcal 453 • EW 14,1
F 18 • KH 57 • ES 0
Ca 127 • LinS 1,9
AraS 0,0 • Chol 39
Vit C 150,0
Vit D 0,2 • Vit E 3,8
Hrs 88

Zubereitung:

1. In einem Topf die Hirse mit kaltem Wasser und etwas Salz zum Kochen bringen. Zurückschalten und die Hirse bei sehr geringer Hitze 30 Minuten ausquellen lassen. Vom Herd nehmen und auf Zimmertemperatur abkühlen lassen. Das Eiweiß mit den frischgehackten Küchenkräutern und den Gewürzen verquirlen und unter die gekochte, abgekühlte Hirse ziehen. Beiseite stellen.
2. Für den Belag die grünen, roten und gelben Paprikaschoten bei 220° C im vorgeheizten Ofen backen, bis die Haut Blasen wirft. Herausnehmen und in einer Plastiktüte schwitzen lassen. Die Schoten häuten, vierteln, Samen und Scheidewände entfernen und das Fruchtfleisch in etwa 1,5 cm große Quadrate schneiden. Zucchini putzen, Blütenansatz und Stielende entfernen, der Länge nach halbieren und in dicke Scheiben schneiden.
3. Zwiebeln und Knoblauch schälen und fein würfeln. Das Öl in einer Pfanne erhitzen, erst die Zucchini hell anschwitzen, dann die Paprikawürfel zugeben und noch eine Minute mitschwitzen lassen. Die Thymianblättchen einstreuen und mit Salz und Pfeffer würzen.
4. In einer beschichteten Pfanne etwas Butterschmalz zerlassen und darin nacheinander 8 Pfannkuchen backen. Je 2 Pfannkuchen auf 4 Teller legen. Die Paprika-Zwiebel-Mischung darauf verteilen und etwas Käse darauflegen. Bei 180° C im vorgeheizten Ofen kurz überbacken. Herausnehmen und sofort servieren.

Tip:

Sie können auch als Belag Gemüseratatouille oder Basensauce mit Frischkräutern, Mangold, Spinat oder frische Tomaten mit Basilikum nehmen.

Rezept 88

Warme Gemüsequiche

8 Portionen

Zubereitung:

1. Das Vollkornmehl auf eine Arbeitsfläche häufen, in die Mitte eine Mulde drücken, Butterstücke, 4 EL Wasser und Salz hineingeben. Zügig zu einem glatten Teig verkneten, in Folie wickeln und 1 Stunde kühl stellen.
2. Zucchini putzen und in dünne Scheiben schneiden. Die Tomaten blanchieren, häuten, achteln und Stielansatz entfernen. Zwiebeln und Champignons putzen, in dünne Scheiben schneiden. Die Butter zerlassen, Gemüse 2–3 Minuten darin anschwitzen, salzen, pfeffern, die frisch gehackten Kräuter einstreuen und auskühlen lassen.
3. Den Teig etwa 4 mm dick und etwas größer als die Form (26 cm Durchmesser) ausrollen. Locker über ein Rollholz schlagen, über die ungefettete Form abrollen, den Rand andrücken, überstehenden Teig abschneiden. Den Boden mit einer Gabel mehrfach einstechen.
4. Damit der Mürbteig unter dem saftigen Gemüsebelag nicht zu feucht wird, muß er im vorheizten Backofen bei 200° C 10 Minuten blindgebacken werden. Dazu ein entsprechend der Größe der Form zurechtgeschnittenes Backpapier mit Hülsenfrüchten oder ganzen Maiskörnern beschweren und den Teigboden damit 2 cm hoch abdecken.
4. Hülsenfrüchte und Papier entfernen und den Teigboden etwas abkühlen lassen. Dann die Füllung darauf verteilen und mit dem Käse bestreuen. Für den Guß alle Zutaten gut verquirlen, über die Quiche gießen und bei 200° C im vorgeheizten Ofen etwa 30 Minuten backen.

Tip:

Dazu paßt gut saure Sahne mit etwas Knoblauch und frischen Kräutern vermischt.

Zutaten

Für den Teig:
200 g Dinkel-Vollkornmehl
100 g Butter oder Margarine oder Milchhalbfett
1 g Salz

Für die Füllung:
200 g Zucchini
200 g Tomaten
100 g Champignons
100 g Zwiebeln
40 g Butter oder Margarine oder Milchhalbfett
80 g Hartkäse Magerstufe
2 g Küchenkräuter Salbei und Thymian
Meersalz
weißer Pfeffer frisch gemahlen
Backpapier und Hülsenfrüchte zum Blindbacken

Für den Guß:
80 ml saure Sahne 10% Fett
100 ml Sahne 10% Fett
5 g Knoblauch
120 g Hühnereiweiß (3 Stück)

Pro Portion:
kcal 210 • EW 10,9
F 10 • KH 18 • ES 0
Ca 180 • LinS 0,5
AraS 0,0 • Chol 33
Vit C 12,3 • Hsr 38
Vit D 0,5 • Vit E 1,0

Rezept 89

Kürbis-Gemüseterrine

4 Portionen

Zutaten
800 g Muskatkürbis
20 g Butter oder Margarine oder Milchhalbfett
80 g Zwiebeln
5 g Knoblauch
2 g Ingwerknolle
20 g brauner Rohzucker
200 g Hühnereiweiß (5 Stück)
40 ml Sahne 10% Fett
600 g Leipziger Allerlei (oder frischer Brokkoli und rote Paprikaschoten)
Meersalz
weißer Pfeffer frisch gemahlen

Für die Paprikasauce:
400 g Paprikaschoten (rote und gelbe Paprikaschoten gemischt)
50 g Zwiebeln
2 g Knoblauch
150 ml Gemüsebrühe (Rezept 17/18)
50 ml Weißwein halbtrocken
Salz
Pfeffer
1 Lorbeerblatt
1 Thymianzweig

Pro Portion:
kcal 227 • EW 12,8
F 8 • KH 23 • ES 0
Ca 122 • LinS 0,7
AraS 0,0 • Chol 140
Vit C 192,4 • Hrs 108
Vit D 1,3 • Vit E 4,6

Zubereitung:

1. $^{1}/_{3}$ des Kürbisfleisches in 5 mm große Würfel schneiden, die restlichen $^{2}/_{3}$ kleinhacken. Die Kürbiswürfel in kochendem Salzwasser 3 Minuten blanchieren. Abgießen, dabei 150 ml der Kochflüssigkeit auffangen. Zwiebeln und Knoblauch schälen und fein würfeln. Butter zerlassen und Zwiebeln und Knoblauch darin hell anschwitzen. Das gehackte Kürbisfleisch zugeben, den Zucker einstreuen und karamelisieren, mit dem Kochfond ablöschen, den feingeriebenen frischen Ingwer einstreuen und zugedeckt 5 Minuten schmoren. Abdecken und weiterkochen, bis die Flüssigkeit vollständig verdampft ist. Die Masse abkühlen lassen, im Mixer mit dem Eiweiß und Sahne pürieren, salzen und pfeffern. Die Kürbiswürfel unterrühren.
2. Das Mischgemüse blanchieren und gut abtropfen und erkalten lassen, dann unter die Kürbismasse mischen.
3. Eine Terrinenform (1l Inhalt) leicht buttern, mit Klarsichtfolie auslegen und die Kürbis-Gemüsemasse einfüllen. Die Form einmal fest auf der Tischplatte aufstoßen (nasses Tuch drunter), um Luftbläschen zu verhindern. Die Terrine zugedeckt im Wasserbad bei 150° C im vorgeheizten Ofen garen. Dann aus dem Ofen nehmen, lauwarm abkühlen lassen, auf ein Brett stürzen und die Folie abziehen. In Scheiben schneiden und mit Paprikasauce anrichten.
4. Für die Sauce die Paprikaschoten waschen, vierteln, Samen und Scheidewände entfernen und das Fruchtfleisch in Würfel schneiden. Die Butter zerlassen, Schalotten und Knoblauch (kleingeschnitten) darin anschwitzen und Paprikawürfel zufügen. Salzen, pfeffern und die Kräuter zugeben. Mit Wein und Fond ablöschen und bei geringer Hitze weichgaren. Alles mit dem Mixstab pürieren und durch ein feines Sieb passieren.

Rezept 90

Polentaschnitten mit Gemüsesugo

4 Portionen

Zubereitung:

1. Die Milch mit Salz, Muskat und Butter aufkochen. Vom Herd nehmen und den Maisgrieß mit einem Schneebesen einrühren. Bei geringer Hitze unter ständigem Rühren 10 Minuten quellen lassen. Den Maisbrei auf einem mit kaltem Wasser abgespülten Blech 1 cm dick verstreichen und erkalten lassen.
2. Gemüsesugo: Das Gemüse und die Schalotten schälen und sehr fein schneiden oder hacken. In einer großen Kasserolle mit Olivenöl anschwitzen, salzen und das Tomatenmark und die geschälten, entkernten Tomatenwürfel zugeben. Mit fein zerdrücktem Knoblauch und Pfeffer würzen und mit der Gemüsebrühe so lange einkochen lassen, bis das Gemüse weich ist. 1 TL frische Oreganoblättchen untermischen. Darauf achten, daß das Gemüse nicht anbrennt, daher immer etwas Flüssigkeit zugießen.
3. Die erkaltete Polenta in 7 x 10 cm große Rechtecke schneiden. Das Butterschmalz in einer beschichteten Pfanne erhitzen und die Polentascheiben darin langsam von beiden Seiten goldbraun anbraten. Polentaschnitten auf vorgewärmten Tellern anrichten und mit dem Gemüsesugo servieren. Mit einem Klecks Sauerrahm und Oreganoblättchen garnieren. Dazu paßt grüner Salat.

Tip:

Der Gemüsesugo kann auf Vorrat gemacht werden. Im Kühlschrank aufbewahrt hält es sich einige Tage. Weitere Verwendungsmöglichkeiten: zu Spaghetti, Nudelaufläufen etc.

Zutaten

Für die Polenta:
150 g Maisgrieß
750 ml Kuhmilch entrahmt
10 g Butter oder Margarine oder Milchhalbfett
Meersalz
Muskatnuß frisch gerieben

Für den Gemüsesugo:
150 g Schalotten
150 g Karotten
150 g Bleichsellerie
150 g Knollensellerie
150 g Tomaten
30 g Tomatenmark
300 ml Gemüsebrühe (Rezept 17/18)
5 g Knoblauch
10 ml Olivenöl
20 g Butterschmalz
50 g saure Sahne 10% Fett
Meersalz
Pfeffer frisch gemahlen
Oreganoblättchen zum Garnieren

Pro Portion:
kcal 342 • EW 13,0
F 12 • KH 45 • ES 0
Ca 336 • LinS 0,9
AraS 0,0 • Chol 29
Vit C 25,8 • Hrs 70
Vit D 0,2 • Vit E 2,2

Rezept 91

Auberginenröllchen mit Hirsefüllung

4 Portionen

Zutaten
1000 g Auberginen schlank
10 g Olivenöl

Für die Füllung:
100 g Hirsekorn
80 g Zwiebeln
5 g Knoblauch
200 g Gemüsepaprika grün
300 g Tomaten
80 g Hartkäse Magerstufe (Pecorino toscana)
1 scharfe Gewürzpaprika
10 g Olivenöl
1 g Petersilienblatt
Salz
Pfeffer frisch gemahlen

Für die Joghurtsauce:
150 g Joghurt entrahmt
50 g saure Sahne 10% Fett
5 g Knoblauch
Salz,
Pfeffer frisch gemahlen

Pro Portion:
kcal 269 • EW 16,8
F 8 • KH 31 • ES 0
Ca 343 • LinS 1,2
AraS 0,0 • Chol 6
Vit C 103,3 • Vit D 0
Vit E 2,8 • Hsr 89

Zubereitung:

1. Auberginen waschen, Stielansätze entfernen, der Länge nach in etwa 1 cm dicke Scheiben schneiden und in Salzwasser legen.
2. Für die Füllung die Hirse in ausreichend Salzwasser etwa 25 Minuten kochen. Überschüssiges Wasser abgießen und die Hirse beiseite stellen. In der Zwischenzeit Zwiebeln und Knoblauch schälen und fein hacken. Die Paprikaschoten halbieren, Samen und Scheidewände entfernen, in 5 mm große Würfel schneiden. Gewürzpaprika sehr fein hacken. Die Tomaten blanchieren, häuten, Stielansatz und Samen entfernen und das Fruchtfleisch klein würfeln. Den Käse ebenfalls in kleine Würfel schneiden. In einer Pfanne das Öl erhitzen und die Zwiebel- und Knoblauchwürfel darin hell anschwitzen. Die Paprikawürfel 5 Minuten mitschwitzen lassen. Die Hälfte der Tomaten sowie die gehackte Petersilie zufügen. Vom Herd nehmen, etwas abkühlen lassen. Käse und Hirse untermischen und mit Salz und Pfeffer würzen.
3. Die Auberginenscheiben aus dem Salzwasser nehmen und sorgfältig trockentupfen. In einer beschichteten Pfanne das Öl erhitzen und die Auberginenscheiben darin von beiden Seiten anbraten. Herausnehmen und auf das schmale Ende jeder Scheibe einen gehäuften Eßlöffel der Füllung setzen. Vorsichtig aufrollen und nebeneinander in eine gebutterte Auflaufform legen. Die restlichen Tomatenwürfel über die Auberginenröllchen verteilen, mit Butterflöckchen belegen und eine Tasse Gemüsebrühe angießen. Abdecken und bei 180° C im vorgeheizten Ofen 15–20 Minuten garen.
4. Inzwischen für die Sauce Knoblauch schälen, in den Joghurt pressen, mit Sauerrahm glattrühren, salzen und pfeffern. Die Form aus dem Ofen nehmen, die fertigen Auberginenröllchen mit Petersilie bestreuen und servieren.

Rezept 92

Okra-Gemüseeintopf

4 Portionen

Zubereitung:

1. Festkochende Kartoffeln schälen und in 2 cm große Würfel schneiden. Möhren schälen und in Stifte 4 x 2 cm schneiden. Die Okraschoten waschen und am Stielansatz wie einen Bleistift spitz zuschneiden, ohne dabei die Frucht zu verletzen. Von 2 Chilischoten die Samen und Scheidewände entfernen und das Fruchtfleisch fein hacken. Von den Auberginen den Stielansatz entfernen und das Fruchtfleisch in 2 cm große Würfel schneiden.

3. In einem entsprechend großen Topf Olivenöl erhitzen. Den fein geschnittenen Ingwer, die gehackten Chilischoten und Kreuzkümmel darin kurz anbraten. Das Sojamehl einstreuen und kurz mitbraten. Die Hitze reduzieren und Currypulver und Kurkuma untermischen. Nach und nach Gemüsebrühe angießen, dabei ständig kräftig umrühren. Das Ganze 10 Minuten köcheln lassen. Nach 5 Minuten die Kartoffeln, nach weiteren 10 Minuten die Möhrenstifte und Auberginenwürfel, nach nochmals 5 Minuten die Okras zugeben. Das Gemüsecurry anschließend noch weitere 10 Minuten köcheln lassen (insgesamt 20 Minuten).

4. Die restlichen grünen Chilischoten (unzerkleinert) mit Salz, Zucker und der gehackten Pfefferminze zum Curry geben, gut durchrühren und mit Korianderblättchen bestreut servieren.

Tip:

Sie können statt Sojamehl auch Kichererbsenmehl nehmen. Gelbe Rüben passen genauso gut dazu wie Erbsenschoten oder grüne Bohnen. Mit Reis oder eifreien Nudeln servieren.

Zutaten

300 g Okra
300 g Kartoffeln festkochend
250 g Karotten
250 g Auberginen
10 g Olivenöl
15 g Ingwerknolle
0,5 g Kreuzkümmel
1 g Currypulver
50 g Sojamehl (entfettet, entbittert)
0,5 g Kurkuma Gewürz
5 g brauner Rohzucker
0,5 g Pfefferminze
1 l Gemüsebrühe (Rezept 17/18)
Koreander frisch
Salz
Pfeffer frisch gemalen
5 grüne Chilischoten

Pro Portion:
kcal 171 • EW 11,2
F 5 • KH 20 • ES 0
Ca 137 • LinS 0,8
AraS 0,0 • Chol 0
Vit C 47,8 • Hsr 84
Vit D 0,1 • Vit E 1,3

Rezept 93

Gemüsestrudel

4 Portionen

Zutaten
200 g Dinkel-Vollkornmehl
150 ml Wasser
5 ml Olivenöl

Für die Füllung:
200 g Kohlrabi
200 g Karotten
100 g Knollensellerie
200 g Bohnen grün
150 g Blumenkohl
800 g Erbsen grün
80 g Hühnereiweiß
50 g Vollkornbrot
20 g Butter oder Margarine oder Milchhalbfett
20 g Vollkornmehl
1 Prise Muskatnuß
Meersalz
weißer Pfeffer frisch gemahlen

Pro Portion:
kcal 463 • EW 26,8
F 7 • KH 70 • ES 0
Ca 185 • LinS 1,3
AraS 0,0 • Chol 7
Vit C 125,2
Vit D 0,1 • Vit E 2,6
Hsr 420

Zubereitung:

1. Das Mehl, das Wasser und fi EL Öl zu einem glatten Teig kneten. Eine Kugel formen, auf einen geölten Suppenteller legen und mit etwas Öl übergießen. Mit Klarsichtfolie abdecken und 1 Stunde bei Zimmertemperatur ruhen lassen.
2. Für die Füllung Karotten, Kohlrabi und Sellerie putzen und in Stifte schneiden. Blumenkohl putzen, in Rosen teilen. Bohnen putzen und unzerkleinert zusammen mit den Gemüsestiften und Blumenkohl in Salzwasser blanchieren und beiseite legen (Gemüsewasser weiterverwenden). Die Erbsen in Salzwasser weichkochen, abtropfen lassen, pürieren und durchpassieren. Eiweiß, Mehl und geriebenes Brot untermischen. Mit Salz, Pfeffer und Muskatnuß gut würzen.
3. Den Strudelteig aus dem Öl nehmen, abtropfen lassen und leicht mit Mehl bestäuben. Auf einem Tuch über den Handrücken hauchdünn ausziehen und mit der Hälfte der flüssigen Butter gleichmäßig dünn bestreichen. Das Erbsenpüree in einem etwa 5 cm breiten Streifen aufstreichen und abwechselnd mit den blanchierten Gemüsen belegen. Das Tuch hochziehen und an einer Seite so weit anheben, daß sich Teig und Füllung ganz von selbst zu einer Rolle formen. Den Strudel aufrollen, auf ein gefettetes Backblech setzen und mit der restlichen, flüssigen Butter bestreichen. Im vorgeheizten Ofen bei 220° C etwa 20 Minuten backen.

Tip:

Dazu reichen Sie eine Tomaten-, Kürbis- oder Paprikasauce (Rezept 34/35/36).
Das Gemüse können Sie nach Belieben variieren. Achten Sie aber immer auf ein harmonisches Farbenspiel.

Fischgerichte mit Gemüse als Hauptgericht

Das Wichtigste auf einen Blick

Leicht verdauliche, kalorienarme Nahrungsmittel haben für gesundheitsbewußte Menschen eine immer größere Bedeutung erlangt. Die leichte Verdaulichkeit von Fisch beruht sowohl auf dem relativ niedrigen Fettgehalt als auch auf dem besonders geringen Anteil an Bindegewebe im Fischfleisch. Für die gute Fischküche sind Frische und beste Qualität der Produkte notwendig. Frischer Fisch ist auch durch den feinsten tiefgefrorenen Fisch nicht zu ersetzen. Sollte es dennoch notwendig werden, einen Teil des (ungewürzten) frischen Fisches am Stück oder schon filetiert einzufrieren, so nehmen Sie dazu Kunststoffbeutel. Zum Auftauen wird er dann über Nacht in den Kühlschrank gelegt (nicht im Mikrowellenherd auftauen).

Wenn Sie Fischliebhaber sind, achten Sie beim Zubereiten darauf, daß Sie – wegen des intensiven Geschmacks – ein eigenes Brett zum Zerlegen oder Würzen nehmen: Frischer Fisch, so er nicht bereits fein säuberlich filetiert vom Händler erworben wird, muß erst einmal richtig vorbereitet werden. Hierbei werden für die unterschiedlichen Fischarten, wie Rundfisch oder Plattfisch, verschiedene Methoden angewendet. Auf jeden Fall muß der Fisch ausgenommen und die Bauchhöhle unter fließendem Wasser gereinigt werden. Je nach Fischart muß man ihn schuppen. Nähere Ausführungen finden Sie im Rezeptteil.

Anstelle des reduzierten Fischfonds (stark säureüberschüssig) wird im Rezeptteil häufig eine Basensauce verwendet, die zur Neutralisation des Säuren-Basenhaushaltes beitragen soll. Die Fischgerichte werden meist mit Gemüse zubereitet und mit Kartoffeln serviert. Noch leichter sind die Gerichte, wenn Sie mehr Gemüse nehmen und dafür die Kartoffeln (Reis oder Nudeln) als Beilage weglassen. Das ist aber nur dann nötig, wenn Sie das Gefühl haben, es sollte besonders leicht sein. In diesem Fall können die im Rezeptteil angeführten Schalotten oder Knoblauch ebenso weggelassen werden.

Rezept 94

Fischfond

4 Portionen

Zutaten
1 kg Karkassen (Gräten und Köpfe von mageren Weißfischen)
20 g Butter oder Margarine oder Milchhalbfett
80 g Schalotten
150 g Lauch (nur das Weiße vom Lauch)
100 g Fenchel
150 g Wurzelpetersilie
100 g Bleichsellerie
500 ml Weißwein halbtrocken
2000 ml Wasser
2 g Thymian
1 Lorbeerblatt
8 Pfefferkörner

Pro Portion:
kcal 170 • EW 3,5
F 4 • KH 10 • ES 0
Ca 149 • LinS 0,6
AraS 0,0 • Chol 14
Vit C 49,7
Vit D 3,5 • Vit E 2,8
Hsr 49

Zubereitung:

1. Bei den Fischkarkassen zuerst die Kiemen aus den Köpfen entfernen, sie würden den Fond bitter machen. Die Karkassen grob zerkleinern, in eine Schüssel unter fließendes Wasser stellen und etwa 10 Minuten gründlich abspülen – so lange, bis das Wasser glasklar und frei von Trübstoffen bleibt.
2. Karkassen sorgfältig in einem Sieb abtropfen lassen. Butter in einem großen Topf zerlassen und die Karkassen darin langsam und unter Wenden 5 Minuten anziehen lassen. Das geputzte, kleingeschnittene Gemüse und trockenen Weißwein zugeben, mit kaltem Wasser aufgießen, die Gewürze zugeben. Den Fond aufkochen lassen und mit der Schaumkelle die Trübstoffe vom geronnenen Eiweiß abschöpfen. Den Fond 20 Minuten leise köcheln lassen.
3. Fond durch ein Passiertuch laufen lassen und eventuell auf Vorrat in Gefrierbeuteln oder in Eiswürfelschalen einfrieren.

Tip:

Diesen Fischfond mischen Sie wegen des besseren Geschmacks etwa zu 20% mit der Basensauce (Rezept 31). Mit frischem Basilikum oder Dill zu den einzelnen Fischgerichten reichen.

Rezept 95

Weißweinsauce zu Fisch

4 Portionen

Zutaten
50 g Schalotten
120 ml Weißwein halbtrocken
20 ml Noilly Prat
400 ml Fischfond (Rezept 94)
250 ml Sahne 10% Fett
10 g Butter oder Margarine oder Milchhalbfett
Salz
einige Tropfen Zitronensaft
Cayennepfeffer

Pro Portion:
kcal 108 • EW 2,2
F 7 • KH 4 • ES 0
Ca 80 • LinS 0,2
AraS 0,0 • Vit C 1,6
Vit D 0,1 • Vit E 0,2
Chol 31 • Hsr 2

Zubereitung:

1. Die geschälten Schalotten werden in feine Scheibchen geschnitten. Das Zwiebelaroma wird mild, wenn man die Scheibchen unter fließendem Wasser abspült.
2. Die Schalottenscheibchen in einen Topf geben. Weißwein von bester Qualität und Noilly Prat angießen und die Mischung aufkochen. Fischfond zugeben und die gesamte Flüssigkeit bei mittlerer Hitze auf $^1/_3$ reduzieren. Sahne zugießen und solange einkochen, bis die Sauce sämig wird und die gewünschte Konsistenz hat. Vorsicht, die Sahne kocht leicht über! Nun die Sauce durch ein feines Sieb passieren. Stückchenweise die geteilte kalte Butter einrühren und die Sauce mit dem Stabmixer vorsichtig aufmixen – so wird sie luftiger. Vorsichtig mit Salz, Zitronensaft und Cayennepfeffer abschmecken.

Tip:

Auf Vorrat gekochte Weißweinsauce hält sich im Kühlschrank 2–3 Tage, ohne daß sie an Geschmack einbüßt. Ein EL geschlagene Sahne zum Schluß unter die erhitzte Sauce gezogen, verleiht ihr mit Sicherheit wieder die sämig-luftige Leichtigkeit. Diese Sauce zur Hälfte mit Basensauce (Rezept 31) mischen.

Rezept 96

Carpaccio vom Lachs mit Fenchel

4 Portionen

Zutaten
400 g Buckellachs
20 g Olivenöl
100 g Fenchel
Saft einer Limette
Pfeffer frisch gemahlen

Pro Portion:
kcal 162 • EW 20,5
F 9 • KH 1 • ES 0,3
Ca 47 • LinS 0,5
AraS 0,0 • Chol 52
Vit C 26,3
Vit D 0,8 • Vit E 2,5
Hsr 144

Zubereitung:

Das Lachsfilet sauber parieren. In Alufolie gepackt anfrieren lassen. Mit kaltgepreßtem Olivenöl 4 gekühlte Teller bestreichen, salzen und mit Limettensaft beträufeln. Die sauber geputzte Fenchelknolle mit etwas Grün in hauchdünne Scheiben schneiden und mit dem restlichen Öl und Limettensaft marinieren.

2. Den angefrorenen Lachs mit dem Messer oder mit der Aufschnittmaschine in dünne Scheiben schneiden und sofort auf den vorbereiteten Tellern anrichten. Die marinierten Fenchelscheiben mit der Flüssigkeit und dem Grün darüber verteilen und mit Salz und Pfeffer würzen.

Tip:

Ganz dünn geschnitten lassen sich viele Fische nach Art der japanischen Küche roh genießen. Frischer Fisch kann so, nur leicht gesalzen und gewürzt, höchst delikat schmecken. Sie können die hauchdünnen Fischscheiben mit Zitrone, gutem kaltgepreßten Öl und Limetten, aber auch mit einem guten (weißen) Balsamico-Essig oder Wein marinieren.

Rezept 97

Gebeizte Forelle

4 Portionen

Zutaten
1000 g Lachsforelle
30 g grobes Meersalz
20 g Zucker weiß
20 ml Cognac
5 g Dill
1 TL grob zerstoßene Pfefferkörner

Pro Portion:
kcal 158 • EW 25,7
F 4 • KH 3 • ES 0,2
Ca 26 • LinS 0,2
AraS 0,1 • Chol 70
Vit C 5,0
Vit D 22,5
Vit E 2,1 • Hrs 370

Zubereitung:

1. Die Forelle filetieren, aber nicht enthäuten, und die Seitengräten sehr vorsichtig herausziehen. Die beiden Filets sauber parieren. Ein Filet mit der Hautseite nach unten in eine entsprechend große Form oder auf eine Platte mit Rand legen. Das grobe Salz mit Zucker und grob zerstoßenem Pfeffer mischen und damit das Filet bestreuen.
2. Den Dill mit den Stengeln grob hacken und darüberstreuen. Mit Cognac beträufeln. Das zweite, auf die gleiche Weise gewürzte Filet mit der Hautseite nach oben so darüberlegen, daß das Schwanzende auf dem Kopfteil des in der Form befindlichen Filets zu liegen kommt. Mit einem Brettchen abdecken und leicht beschweren.
3. Das Ganze mit Alufolie zudecken und mindestens für 48 Stunden im Kühlschrank marinieren. Während dieser Zeit die Filets zweimal wenden. Dazu reichen Sie Senfsauce und warme Kartoffeln als Beilage.

Tip:

So wie auf skandinavische Art der Lachs („Gravlaks") gebeizt wird, können Sie auch andere Fische beizen. Sie sollten nur möglichst groß und fangfrisch sein. Wollen Sie einen „Gravlaks" zubereiten, dann muß der Zuckeranteil verdoppelt und die Zutaten je nach Gewicht des Fisches vervielfacht werden.

Rezept 98

Meerwolf mit Salbeiblättern

4 Portionen

Zutaten
1000 g Meerwolf (Barsch/Loup de mer)
10 g Butter oder Margarine oder Milchhalbfett
5 g Salbei frisch
50 g Mehrkornbrot (Weißbrotbrösel)
Salz
Pfeffer frisch gemahlen

Pro Portion:
kcal 246 • EW 47,1
F 3 • KH 6 • ES 0,1
Ca 59 • LinS 0,1
AraS 0,1 • Vit C 5,0
Vit D 0,5 • Vit E 3,8
Chol 187 • Hsr 332

Zubereitung:

1. Den Meerwolf schuppen und ausnehmen, die Flossen aber daranlassen. Die Nierenreste entlang der Rückengräte herausschaben, die Kiemen aus dem Kopf entfernen. Den Fisch kurz, aber gründlich kalt abspülen und mit Küchenkrepp trockentupfen. Innen und außen salzen und pfeffern. Die Schwanzflosse in Salz drücken, so daß sie richtig paniert ist. Das sieht nicht nur gut aus, es schützt die Flosse auch davor, dunkel zu werden oder gar zu verbrennen.
2. Die Butter am besten in einer ovalen Bratpfanne aus Eisen erhitzen, Fisch hineingeben und einmal wenden. Im vorgeheizten Backofen bei 220° C 10 Minuten braten, dann die Salbeistiele mit den Blättern dazulegen. Den Fisch mit den Weißbrotbröseln bestreuen und etwas Butter in Flöckchen darauf verteilen. In weiteren 10–15 Minuten im Backofen garen. Am besten in der Pfanne servieren, wenn der Fisch noch brutzelt.

Tip:

Der Meerwolf schmeckt auch vorzüglich, wenn er auf Rosmarin oder Thymianstengeln gegart wird. Dazu servieren Sie Petersilienkartoffeln und grünen Salat.

Rezept 99

Dorade im Ganzen gebraten

4 Portionen

Zutaten

800 g Rotbarsch (Goldbrasse / Dorade royale)
Salz und Pfeffer frisch gemahlen
350 g Tomaten
50 g Oliven grün
50 g Oliven schwarz
5 g Knoblauch
2 g Basilikum
1 g Thymian
100 g Fenchel mit Grün
10 g Olivenöl
10 g Butter oder Margarine oder Milchhalbfett
300 ml Fischfond (Rezept 94)
1 EL Basilikum feingeschnitten
50 g Schalotten

Pro Portion:
kcal 328 • EW 39,3
F 17 • KH 4 • ES 0,4
Ca 107 • LinS 1,0
AraS 0 • Chol 91
Vit C 24,5
Vit D 4,6 • Vit E 2,1
Hsr 280

Zubereitung:

Von der Dorade die Flossen bis auf die Schwanzflosse abschneiden. Die Dorade schuppen, ausnehmen, gut abspülen und trockentupfen. An der dicksten Stelle ziselieren, d.h. einige Male quer einschneiden. Dadurch gart der Fisch gleichmäßiger und etwas kürzer. Die Dorade innen und außen mit Salz und Pfeffer würzen. Eine ovale, feuerfeste Form nehmen. Die gehäuteten, entkernten Tomaten, die Oliven, die geschälten Schalotten und Knoblauchzehen würfeln.

2. 1 EL Öl in der Form erhitzen, Gemüse und Kräuter dazugeben und anziehen lassen. Die Dorade auf das Gemüsebett legen, mit dem restlichen Öl einstreichen. Fischfond bis zu $^1/_3$ der Fischhöhe angießen, auf dem Herd aufkochen. Dann im vorgeheizten Backofen bei 220°C in 15–20 Minuten (auf Gitterrost gestellt) garen, dabei häufig mit dem Fond übergießen.

3. Den Fisch aus dem Ofen nehmen und auf einer Servierplatte anrichten. Den Schmorfond durch ein Sieb in einen Topf laufen lassen, aufkochen. Die Butter mit dem Schneebesen einrühren. Abschmecken und das Basilikum zugeben. Die Dorade so servieren, wie sie aus dem Ofen kommt.

Tip:

Dazu passen neue Petersilienkartoffeln und ein grüner Salat. Sie können natürlich auf die gleiche Art und Weise Lachsforelle, Zander oder Hecht zubereiten. Auch eine Forelle kann so gemacht werden. Je nach Größe ändert sich aber die Zubereitungsdauer im Ofen.

Rezept 100

Burgunderkarpfen

4 Portionen

Zubereitung:

1. Karpfenstücke in eine große Schüssel geben. Die Zutaten für die Marinade mischen, auf die Karpfenstücke geben und 2 Stunden durchziehen lassen.
2. Die gehackten Zwiebelschalotten in heißem Öl in einer großen Auflaufform hell anlaufen lassen. Die Zucchini putzen, waschen, von Stiel und Blütenansatz befreien und in Scheiben schneiden. Die Zucchinischeiben dazugeben, mit wenig Salz und Pfeffer würzen und auf dem Herd erhitzen. Die Karpfenstücke in der ursprünglichen Reihenfolge in die Form legen, mit der Marinade übergießen. Die Semmelbrösel darüberstreuen. Auf die untere Schiene in den auf 220° C vorgeheizten Backofen stellen. Die Butter schmelzen und den Fisch nach 10 Minuten damit bestreichen. Weitere 10 Minuten backen. Die restliche Butter darauf verteilen und in etwa 20 Minuten fertiggaren.

Tip:

Sie können auch Fenchelgemüse oder Selleriestangen für dieses Gericht verwenden. Mandelsplitter oder Knoblauch sind nach individuellem Geschmack genauso möglich wie Basilikum oder Dill als Gewürzkraut. Dazu passen Petersilienkartoffeln und grüner Salat.

Zutaten

1000 g Karpfen
(1 ausgenommener Karpfen in 4 Stücke geteilt)

Für die Marinade:

350 ml Rotwein schwer
50 g Zitrone (Saft einer halben Zitrone)
fi TL Salz
Pfeffer aus der Mühle
1 Lorbeerblatt
fi TL getrockneter Thymian

Außerdem:

80 g Schalotten
300 g Zucchini
40 g Semmelbrösel
10 g Butter oder Margarine oder Milchhalbfett
10 g Olivenöl
Salz
Pfeffer frisch gemahlen

Pro Portion:
kcal 452 • EW 47,8
F 16 • KH 13
ES 0,3 • Ca 202
LinS 1,6 • AraS 0,4
Vit C 24,5
Vit D 3,7 • Vit E 2,1
Chol 175 • Hsr 426

Rezept 101

Lachsforelle in der Salzkruste

4 Portionen

Zutaten
800 g Lachs
(2 Lachsforellen
à ca. 400 g)
3 kg grobes Meersalz
3 Eiweiß
150–200 ml Wasser
Öl fürs Backblech
Kräuter nach Geschmack (Basilikum, Estragon, Dill)
Alufolie für die Fischkontur

Pro Portion:
kcal 262 • EW 36,8
F 13 • KH 0
ES 0,1 • Ca 26
LinS 0,1 • AraS 0,1
Vit C 0,0 • Chol 70
Vit D 32,6 • Vit E 4,5
Hsr 340

Zubereitung:

1. Die Lachsforellen ausnehmen, auswaschen und mit Küchenkrepp trockentupfen. Schuppen ist nicht notwendig, weil die Haut nicht mit verzehrt wird.
2. Salz mit Eiweiß mischen und das Wasser nach und nach hineinrühren. Noch 2 Minuten rühren und etwas ruhen lassen. Dann die Salzmasse halbieren.
3. Aus mehrfach aufeinandergelegter Alufolie 2 Fischkonturen formen und auf 2 geölte Backbleche legen. Je $^1/_3$ der geteilten Salzmasse in die Form füllen und mit einem Messer glatt streichen.
4. Die Lachsforellen mit den gewaschenen, trockenen Kräutern füllen. Einen Teil zurücklassen. Die Lachsforellen auf das Salz legen, die restlichen Kräuter daraufgeben und mit der übrigen Salzmasse abdecken und diese glattstreichen.
5. Bei 200° C im vorgeheizten Backofen in 15-20 Minuten garen. Danach die Salzkruste entfernen und den Fisch ohne Haut essen.

Tip:

Sie können jeden Fisch auf diese Art zubereiten. Durch die Salzkruste erhöht sich der Eigengeschmack des Fisches. Er nimmt nicht soviel Salz an, um salzig zu schmecken. Der Salzmantel schützt den Fisch vor Saftverlust und Austrocknen. Versuchen Sie es einmal, es lohnt sich. Dazu servieren Sie Petersilienkartoffeln und Gemüse (Karotten, gelbe Rübchen, Blattspinat).

Rezept 102

Hechttranche mit Kräutern

4 Portionen

Zubereitung:

1. Die gesäuberten und trockengetupften Hechtscheiben mit Salz, Pfeffer und Zitronensaft würzen und mit Mehl bestäuben. Etwas Butter in einer schweren Pfanne erhitzen und die Hechtstücke darin auf beiden Seiten anbraten. Die Zwiebelwürfel dazugeben und goldgelb anziehen lassen. Mit Weißwein ablöschen. Aufkochen und mit Fischfond auffüllen. Nochmals aufkochen. Deckel auf die Pfanne legen. Im vorgeheizten Backofen bei 220° C in 5–7 Minuten garen.
2. Pfanne wieder auf den Herd stellen, den Fisch auf warmen Tellern anrichten (evtl. die Knochenstücke mit den Gräten herauslösen). Die restliche Butter in Flöckchen in die Pfanne geben. Die feingehackten Kräuter unterrühren, mit Salz und Pfeffer abschmecken, die Basensauce untermischen und über den Fisch geben.

Tip:

Das gleiche können Sie grundsätzlich mit jedem anderen filetierten Frischfisch machen, z. B. Lachssteaks oder Seeteufelmedaillons. Als Beilage eignen sich Petersilienkartoffeln und Blattspinat oder anderes Gemüse wie Fenchelherzen, gelbe Rübchen oder Karotten mit Tomaten und Basilikumblättern.

Zutaten

600 g Hecht frisch (4 Scheiben vom Mittelstück)
20 g Vollkornmehl
20 g Butter/ Milchhalbfett
80 g Zwiebeln
50 ml Weißwein halbtrocken
150 ml Fischfond (Rezept 94)
1 EL gehackte Petersilie
Salz
Pfeffer frisch gemahlen
1 EL Zitronensaft
$^{1}/_{8}$ l Kräuter-Basensauce (Rezept 39)

Pro Portion:
kcal 172 • EW 28,6
F 3 • KH 4 • ES 0,1
Ca 45 • LinS 0,2
AraS 0,0 • Vit C 7,3
Vit D 3,4
Vit E 1,5 • Hsr 217

Rezept 103

Lachsroulade mit Hechtfarce

4 Portionen

Zutaten
50 g Romanosalat
(4 große, schöne
Salatblätter oder
Mangold)
200 g Flußhecht
(200 g Hechtfarce
(Rezept 104)
200 g Lachs
Je 1/8 l Weißweinsauce
und Basensauce
(Rezept 31/95)
Salz
weißer Pfeffer frisch
gemahlen
Basilikumblätter

Pro Portion:
kcal 108 • EW 18,6
F 4 • KH 0 • ES 0
Ca 21 • LinS 0,1
AraS 0,0 • Vit C 4,9
Vit D 0,1 • Vit E 1,6
Chol 53 • Hsr 156

Zubereitung:

Zuerst die Hechtfleischfarce zubereiten (Rezept 104).
Die Salatblätter blanchieren und auf ein Tuch legen. Die dicken Rippen von den Salatblättern herausschneiden, mit Hechtfarce bestreichen, ein Lachsfilet darauflegen, wieder mit etwas Farce bestreichen und ein weiteres, dünnes Lachsfilet darauflegen, mit Farce dünn bestreichen und die Blätter so einschlagen, daß eine schöne Roulade entsteht. Die fertige Roulade im Kocheinsatz 8–10 Minuten dämpfen und mit der vorbereiteten Weißweinsauce servieren. Mit Basilikum garnieren. Dazu passen kleine Petersilienkartoffeln, junge Karotten oder gelbe Rübchen.

Tip:

Sie können auch eine kleine Terrinenform nehmen und die Röllchen darin garen. Die Form mit Klarsichtfolie auslegen, Salatblätter darauf verteilen, Fischfarce mit einer Spritztüte 1 cm hoch einfüllen, Lachsfilets darauf verteilen, mit restlicher Farce bedecken, glattstreichen und die Salatblätter darüberlappen. Auch Zander, Forelle, Merlan und jeder andere Fisch mit zartem Aroma eignet sich dazu.

Rezept 104

Hechtklößchen in Dillsauce

4 Portionen

Zubereitung:

1. Das gut gekühlte Fischfilet durch den kalten Fleischwolf treiben (mittlere Scheibe, das Messer muß gut schneiden, damit der Fisch nicht gequetscht wird).
2. Das so zerkleinerte Hechtfleisch in einer Schüssel auf gestoßenes Eis stellen, salzen und pfeffern. Die Hälfte der gekühlten Sahne und den kalten Fischfond unterrühren. Die Masse portionsweise im Mixer fein pürieren. Zurück in die auf Eis gestellte Schüssel geben und wieder kalt werden lassen. Mit einem Spachtel durch ein feines Sieb streichen. So kann man sicher sein, daß grobe Bestandteile oder Grätenreste entfernt werden.
4. Die Farce mit Salz und weißem Pfeffer abschmecken und die restliche flüssige Sahne unterrühren. Die leicht angeschlagene Sahne unterziehen. Sie darf allerdings nicht steif geschlagen sein, sonst wird die Farce körnig. Während aller Arbeitsphasen bleibt die Schüssel auf Eis. Die Farce ist jetzt von luftig-cremiger Beschaffenheit und fast blütenweiß.
5. Mit zwei in Wasser getauchten Eßlöffeln Klößchen formen. Nacheinander auf ein Papier setzen. Wenn alle Klößchen geformt sind, diese in den köchelnden Pochierfond geben und 8–10 Minuten ziehen lassen.
6. Inzwischen den feingehackten Dill in die erwärmte Weißweinsauce geben, gut abschmecken und die Sauce auf vorgewärmten Tellern anrichten. Die Klößchen mit einem Schaumlöffel herausheben, auf ein Tuch setzen (um Feuchtigkeit aufzusaugen). Dann auf die Weißweinsauce setzen und mit einem Dillsträußchen garnieren.

Zutaten

Für die Sauce:
1/4 l Weißweinsauce (Rezept 95)
2 g Dill

Für die Farce:
400 g Flußhecht (1 Hecht à 800–900 g oder 400 g ausgelöstes Hechtfilet)
100 ml Sahne 10% Fett
400 ml Fischfond (Rezept 94)

Für den Poschierfond:
1/2 l kalter Fischfond (Rezept 94)
1/4 l trockener Weißwein
1 l Wasser
1 Dillstengel
1 TL Salz

Pro Portion:
kcal 112 • EW 19,2
F 3 • KH 1 • ES 0,1
Ca 49 • LinS 0,1
AraS 0,0 • Vit C 4,4
Vit D 2,1 • Vit E 0,1
Chol 109 • Hsr 140

Rezept 105

Muschelspaghetti

4 Portionen

Zutaten
800 g Miesmuscheln
2 g Petersilienblatt
80 g Zwiebeln
10 g Olivenöl
250 ml Weißwein halbtrocken
20 ml Zitronensaft
5 g Knoblauch

Für die Sauce:
450 g Tomaten
80 g Lauchzwiebeln
10 g Olivenöl
2 g Basilikum
Salz
Pfeffer frisch gemahlen

Pro Portion:
kcal 265 • EW 21,4
F 8 • KH 16 • ES 0,2
Ca 116 • LinS 0,6
AraS 0,1 • Chol 315
Vit C 43,2 • Vit D 18
Vit E 3,1 • Hrs 299

Zubereitung:

1. Die Muscheln unter fließend kaltem Wasser sehr sorgfältig bürsten und in eine Schüssel mit kaltem Wasser und Zitronensaft legen. Die Petersilie grob zerschneiden, die Zwiebeln und die Knoblauchzehe schälen und ganz fein würfeln. Zusammen in dem heißen Olivenöl bei mittlerer Hitze etwa 2 Minuten anschwitzen.
2. Die Muscheln aus dem Wasser nehmen, dazugeben, das Ganze mit Weißwein übergießen und im geschlossenen Topf etwa 8 Minuten garen.
3. Für die Sauce die Tomaten in kochendem Wasser blanchieren, häuten, halbieren und die Samen entfernen. Das Fruchtfleisch in Würfel schneiden. Die Lauchzwiebeln in feine Scheiben schneiden. Das Öl in einer Kasserolle erhitzen, Tomaten und Lauchzwiebeln darin andünsten, Basilikumblätter, Salz und Pfeffer zugeben und weitere 3–4 Minuten dünsten. Das Ganze dann zu den Muscheln geben und gut vermischen. Warm halten.
4. In der Zwischenzeit die Spaghetti in reichlich Salzwasser al dente kochen, abseihen, mit den Muscheln vermischen und sofort servieren.

Tip:

Sie können auch verschiedene Muschelarten (Trogmuscheln/Herzmuscheln) für dieses Gericht verwenden - eine Kombination, die heutzutage nicht nur in Italien in unzähligen Variationen zubereitet wird.

Rezept 106

Seeteufelmedaillons mit Spinat

4 Portionen

Zutaten
1000 g Seeteufel
(2 Seeteufel à 500 g ausgenommen, ohne Kopf)
Salz
Pfeffer frisch gemahlen
Mehl zum Bestäuben
10 g Butter oder Margarine oder Milchhalbfett
1 g Basilikum

Für den Spinat:
10 g Butter oder Margarine oder Milchhalbfett
80 g Schalotten
300 g Blattspinat
1 g Currypulver (1 TL)
Salz
Pfeffer frisch gemahlen
1/8 l Weißweinsauce
1/8 l Basensauce
(Rezept 31/95)

Pro Portion:
kcal 223 • EW 39,6
F 6 • KH 2 • ES 0,1
Ca 158 • LinS 0,3
AraS 0,1 • Chol 77
Vit C 43,2
Vit D 5,1 • Vit E 3,6
Hsr 371

Zubereitung:

1. Die Weißweinsauce laut Rezept zubereiten. Mit der Basensauce mischen.
2. Die Seeteufel filetieren, sauber parieren und trockentupfen. In gleichmäßig große Stücke schneiden, diese auf die Schnittfläche legen und leicht flachdrücken. Mit Mehl bestäuben, überschüssiges Mehl abklopfen.
3. Die Butter in einer schweren Pfanne erhitzen und die Medaillons darin bei starker Hitze auf beiden Seiten je 2 Minuten braten. Dabei in Bewegung halten, damit die Butter nicht verbrennt. Dann auf ein trockenes Küchenkrepp legen und im Ofen bei 100° C warmstellen.
4. Den Spinat putzen, waschen und gut abtropfen. Die Butter in einer Kasserolle aufschäumen lassen. Den Spinat darin anschwitzen, zusammenfallen lassen und mit Salz und Pfeffer würzen. Die Schalottenwürfel in der restlichen Butter ohne Farbe andünsten. Mit Currypulver bestäuben, aber nur ganz kurz mitanziehen lassen. Die Weißweinsauce angießen und aufkochen.
5. Den Spinat auf 4 vorgewärmten Tellern verteilen, die Seeteufelmedaillons darauf anrichten. Die Sauce mit dem Stabmixer aufschlagen, evtl. etwas steife Sahne unterziehen. Die Basilikumstreifen unterheben und gut abschmecken. Auf die Teller verteilen.

Tip:

Sie können natürlich auf die gleiche Weise jeden anderen, grätenfrei ausgelösten Fisch zubereiten. Sehr geeignet sind Seezungenfilets, die man zu Röllchen formt. Scampi oder Muscheln (Jakobsmuscheln) eignen sich genauso gut.

Rezept 107

Merlan „Müllerin Art"

4 Portionen

Zutaten
600 g Wittling frisch (Merlan- oder Wittlings-Filet)
20 g Butter oder Margarine oder Milchhalbfett
200 g Zitrone
Salz
Pfeffer frisch gemahlen
12 Zitronenscheiben ohne Schale
1 EL gehackte Petersilie
50 ml Fischfond (Rezept 94)
etwas Zitronensaft
2 EL Mehl zum Bestäuben bzw. Wenden

Pro Portion:
kcal 160 • EW 26,1
F 3 • KH 4 • ES 0,1
Ca 71 • LinS 0,2
AraS 0,0 • Chol 89
Vit C 28,8
Vit D 0,4 • Vit E 0,6
Hsr 190

Zubereitung:

1. Die Fische ausnehmen und die Filets von den Gräten lösen, die Haut aber nicht entfernen. Filets mit etwas Zitronensaft säuern, mit Salz und Pfeffer würzen. Auf beiden Seiten in Mehl wenden und gut abklopfen.
2. Die Butter in einer großen Pfanne aufschäumen und die Filets auf beiden Seiten anbraten, dann auf der Hautseite in 3–5 Minuten auf den Punkt garen, dabei häufig mit Butter übergießen. Das Filet soll eine goldgelbe Farbe annehmen. So wird es – mit Zitronenscheiben belegt und mit Petersilie bestreut – angerichtet.
3. Jetzt noch den Fischfond in die braune Butter geben, mit Zitronensaft, Salz und Pfeffer abschmecken und die Butter über die angerichteten Filets gießen. Sofort servieren. Dazu reicht man Blattspinat, Möhren und kleine Kartoffeln.

Tip:

„Müllerin Art" ist das klassische Rezept der Gastronomie in aller Welt. Denn des Müllers Mehl ist bei dieser Zubereitungsart eine unerläßliche Zutat. Es ist verantwortlich für die typische knusprig braune Kruste. Am bekanntesten ist wohl die Seezunge „à la meunière" – nach Müllerin Art. Aber auch andere Fische wie Zanderfilet, Scholle oder Steinbuttfilet können auf diese Art schmackhaft zubereitet werden.

Rezept 108

Waller mit Paprikasauce

4 Portionen

Zubereitung:

1. Die Wallerkoteletts säubern und trockentupfen. Frühlingszwiebeln und Paprikaschote putzen. Paprika vierteln, entkernen, waschen und grob würfeln. Die geschälten Schalotten in Scheiben schneiden und in der Hälfte der Butter glasig werden lassen. Paprikawürfel, Thymian und angedrückte Knoblauchzehe zugeben.
2. Mit $^3/_4$ des Fischfonds auffüllen. Aufkochen und bei geringer Hitze in etwa 15 Minuten weich kochen. Knoblauch und Thymian entfernen. Den Paprikafond im Mixer aufschlagen, bis die Paprikawürfel püriert sind. Durch ein feines Sieb in einen Topf gießen und warmstellen.
3. Die Wallerkoteletts mit Salz und Pfeffer würzen. In einer schweren Pfanne die restliche Butter zerlassen, das Öl zugeben, erhitzen und die Fischkoteletts darin auf beiden Seiten goldbraun anbraten. Die Frühlingszwiebeln zugeben, etwas anziehen lassen, leicht salzen und pfeffern. Etwas vom restlichen Fond angießen, reduzieren, bis alles wieder zu braten beginnt. Wieder etwas Fond angießen und vollständig reduzieren. Diesen Vorgang so lange wiederholen, bis der Fond verbraucht ist. Der Fisch ist gar, sobald er und die Zwiebeln glänzen. Die Paprikasauce mit der Basensauce mischen, erwärmen und mit dem Stabmixer kurz aufmixen. Alles auf vorgewärmten Tellern anrichten.

Tip:

Sie können natürlich auch Zander oder Hecht auf diese Art und Weise zubereiten. Dazu passen Spinat und kleine gedämpfte Petersilienkartoffeln.

Zutaten

560 g Waller (Wels)
(8 Wallerkoteletts
à 70 g)
360 g Frühlingszwiebeln (12 Stück)
300 g Gemüsepaprika rot
20 g Butter oder Margarine oder Milchhalbfett
80 g Schalotten
3 g Knoblauch
10 g Olivenöl
700 ml Fischfond
(Rezept 94)
$^1/_8$ l Basensauce
(Rezept 31)
Salz
Pfeffer frisch gemahlen
2 Stengel Thymian

Pro Portion:
kcal 461 • EW 24,3
F 35 • KH 14
ES 0,5 • Ca 87
LinS 3,6 • AraS 0,5
Vit C 113,8
Vit D 0,1 • Vit E 3,3
Chol 231 • Hsr 182

Wokgerichte

Wissenswertes über den Wok

„Wok“ ist ein kantonesisches Wort und heißt ganz einfach „Kochgefäß“. Bereits vor mehreren tausend Jahren wurde dieses Mittelding zwischen Topf und Pfanne in der chinesischen Region Kanton erfunden - aus Mangel an Brennmaterial. Es gab gewöhnlich nur eine Feuerstelle, und darauf wurde die komplette Mahlzeit zubereitet. Um das knappe Brennmaterial optimal zu nutzen, hing der Wok direkt über der Feuerstelle. Durch sein Material und seine Form konnte er die Hitze der darunter lodernden Flammen bestens aufnehmen. Alle Zutaten wurden vor dem Kochen kleingeschnitten, so daß die Garzeit auf ein Minimum reduziert wurde und man das kostbare Holz sparte. Im Laufe der Jahrhunderte hat sich der Wok über den ganzen Fernen Osten verbreitet. Überall dort haben die Menschen große Achtung vor der Natur und somit vor allen Lebensmitteln. Sie bemühen sich, beim Kochen die Zutaten in Aroma, Farbe und Konsistenz bestmöglich zu erhalten - im Wok gelingt das ganz leicht.

Inzwischen hat der Wok seinen Siegeszug rund um die Welt angetreten. In jedem Haushaltswarengeschäft werden verschiedene Modelle dieses praktischen Kochgefäßes angeboten. Entscheidend ist, ob Sie einen Wok für die Elektroplatte, für den Gasherd oder einen mit Thermostat wollen, mit dem Sie auch im Freien oder in einem Raum ohne Küche (über die Steckdose) kochen können. Das Gemüse bleibt am nährstoffreichsten, wenn Sie es nur kurz garen. Da der Wok eine Halbkugel ist, benötigen Sie auch nur minimal Fett.

Sie können auch mit unseren heimischen Produkten im Wok köstliche Mahlzeiten im Wok zubereiten, so daß Sie keine Shitaki-Pilze, Mungobohnen, Sojasprossen, Bambussprossen oder Glasnudeln benötigen, wenn Sie ein schnelles und gesundes Gericht zubereiten wollen. Unbedingte Voraussetzung ist, daß alles gut vorbereitet wird, bevor Sie beginnen, im Wok zu braten oder zu kochen. Dann geht alles sehr schnell und Sie müssen unbedingt dabei bleiben.

Rezept 109

Hirsotto mit Curry und Früchten

4 Portionen

Zubereitung:

1. Hirse waschen und gut trocknen. Lauch waschen und in Ringe schneiden. Die Früchte schälen und würfeln.
2. Butter im Wok schmelzen lassen. Lauch darin kurz anschwitzen, Hirse zugeben, mit Gemüsebrühe aufgießen und bei geringer Hitze zugedeckt weichdünsten. Es dauert etwa 25–30 Minuten, bis die Hirse zugedeckt schön aufbricht und weich ist. Zwischendurch die Flüssigkeit kontrollieren. Am Schluß muß die Hirse trocken sein. Nun salzen und soviel von der Basensauce dazugeben, daß die Hirse leicht gebunden ist, aber nicht flüssig wird. Das Currypulver unterheben, mit Salz nachwürzen und Früchte und Zitronenmelisse untermischen.

Tip:

Anstatt Hirse können Sie auch Rundkornreis nehmen. Die Basensauce kann auch mit Curry und einem Teil der Früchte gemixt werden. Man reicht sie dann gesondert dazu.

Zutaten

200 g Hirsekorn
50 g Lauch
20 g Butter oder Margarine oder Milchhalbfett
0,5 g Currypulver
50 g säuerlicher Apfel
50 g Mango
50 g Banane
20 g Mandel bitter
1/8 l Basensauce (Rezept 31)
1/2 l Gemüsebrühe (Rezept 17/18)
1 TL gehackte Zitronenmelisse

Pro Portion:
kcal 249 • EW 6,5
F 7 • KH 39 • ES 0
Ca 42 • LinS 1,4
AraS 0,0 • Chol 7
Vit C 10,4
Vit D 0,1 • Vit E 1,9
Hsr 64

Rezept 110

Grünkohl mit Garnelen

4 Portionen

Zutaten
300 g Garnelen
700 g Grünkohl
5 g Knoblauch
20 ml Olivenöl
3 g Ingwerknolle
5 g Maisstärke
2 g Küchenkräuter
Meersalz
Pfeffer frisch gemahlen
1 EL helle Sojasauce
1 EL Sake

Pro Portion:
kcal 145 • EW 16,4
F 7 • KH 4 • ES 0,2
Ca 140 • LinS 0,2
AraS 0,0 • Chol 109
Vit C 47,0
Vit D 0,8 • Vit E 3,9
Hsr 156

Zubereitung:

1. Die Garnelen schälen und den Darm entfernen. Den Grünkohl putzen und in mundgerechte Stücke schneiden. Knoblauch und Ingwer schälen und sehr klein würfeln.
2. Das Öl im Wok erhitzen. Erst gewürfelten Knoblauch und Ingwer, dann den Grünkohl zufügen und unter ständigem Rühren 2 Minuten anbraten. Die Garnelen nicht länger als 1 Minute mitbraten.
3. Die Hitze reduzieren. 4 EL Wasser, Sojasauce und Sake mit den fein gehackten Frischkräutern verrühren und in den Wok geben. Zugedeckt in weiteren 3-5 Minuten garen. Die Maisstärke mit 1 EL kaltem Wasser anrühren und in den Wok geben. Die Flüssigkeit wird damit gebunden.

Tip:

Bei allen Wokgerichten sollten Sie größere Mengen in 2-3 Arbeitsgängen zubereiten, da ein übervoller Wok zu dünsten beginnt. Es gibt auch schon Maisstärke zu kaufen, die Sie ohne Anrühren verwenden können. Stattdessen können Sie aber auch einen Schöpfer (Kelle) voll Basensauce (Rezept 31) untermischen.

Rezept 111

Krebsrisotto mit Safran

4 Portionen

Zutaten
200 g Rundkornreis
500 ml Gemüsebrühe (Rezept. 17/18)
0,2 g Safran
5 g Knoblauch
50 g Lauch
50 g Schalotten
10 g Olivenöl
60 ml Weißwein halbtrocken
1 g Basilikum
250 g Flußkrebse
$^1/_8$ l Basensauce (Rezept 31)
Meersalz
Pfeffer aus der Mühle

Pro Portion:
kcal 271 • EW 15,3
F 4 • KH 41 • ES 0,1
Ca 39 • LinS 0,4
AraS 0,0 • Vit C 5,2
Vit D 0,5 • Vit E 0,5
Chol 87 • Hsr 83

Zubereitung:

1. Lauchzwiebeln waschen und kleinschneiden. Schalotten schälen und klein würfeln, Basilikum fein schneiden. Knoblauch schälen und fein würfeln.
2. Olivenöl in den Wok geben, Schalotten und Knoblauch darin anschwitzen, Reis dazugeben, kurz mitschwitzen lassen und mit Gemüsebrühe aufgießen. Die Safranfäden dazugeben und salzen. Bei mittlerer Hitze zugedeckt etwa 15–20 Minuten dünsten, bis der Reis al dente ist. Eventuell zwischendurch etwas Brühe nachgießen, zuletzt mit Weißwein vollenden und zugedeckt 5 Minuten nachziehen lassen. Dabei den Wok vom Feuer nehmen. Mit Basilikumstreifen, Salz und Pfeffer abschmecken und soviel Basensauce dazugeben, daß der Reis cremig bleibt.
3. Nun erst das ausgelöste und vorgegarte Krebsfleisch (in Marinade eingelegt zu kaufen) unterheben. Anrichten und mit Basilikumblättern garnieren.

Tip:

Sie können den Risotto mit geschälten und entkernten Tomatenwürfeln und eventuell mit etwas geriebenen Pecorino-Käse anreichern. Dazu paßt sehr gut frischer Blattspinat oder anderes gedämpftes Gemüse.

Rezept 112

Tofu mit Mangold

4 Portionen

Zutaten

250 g Tofu
300 g Mangold
10 g Sesamöl
5 g Knoblauch
50 g Schalotten
3 g Ingwerknolle
50 g Mandel bitter
1/8 l Basensauce
(Rezept 31)
Meersalz
Pfeffer frisch gemahlen

Pro Portion:
kcal 163 • EW 9,1
F 12 • KH 4 • ES 0
Ca 194 • LinS 3,8
AraS 0,0 • Chol 0
Vit C 30,6 • Vit D 0
Vit E 4,8 • Hsr 81

Zubereitung:

1. Schalotten (weniger scharf als Zwiebeln) schälen und klein würfeln. Ingwerwurzel schälen und sehr fein schneiden. Knoblauch schälen und fein würfeln. Spinat putzen, waschen und grob schneiden. Tofu würfeln.
2. Sesamöl in den heißen Wok geben und Schalotten und Knoblauchwürfel darin kurz anschwitzen. Tofuwürfel zugeben und kurz mitbraten. Spinat und feingeschnittenen Ingwer dazugeben, kurz mitdünsten und alles mit Salz und Pfeffer würzen.
3. Die Hitze zurücknehmen, Deckel kurz auflegen und 1–2 Minuten nachziehen lassen. Dabei die Hitze wegnehmen. Mit Basensauce mischen und anrichten. Mit Mandelstiften garnieren.

Tip:

Dieses Gericht ist sehr schnell fertig und kann zusätzlich mit etwas grob geriebenem Pecorino-Käse aufgewertet werden. Sie können die Basensauce auch weglassen bzw. getrennt dazu servieren. Geschälte und entkernte Tomatenwürfel passen ebenso gut dazu wie Melanzani, Zucchini oder Nüsse.

Rezept 113

Süß-saures Gemüse

4 Portionen

Zubereitung:

1. Die Pilze einweichen und schneiden. Alle Gemüsesorten putzen und in gleichmäßige Scheiben, Würfel oder Stücke teilen. Das Öl im Wok erhitzen. Ingwer und in Scheiben geschnittenen Knoblauch mit dem Rohzucker zugeben. Kurz anbraten, das vorbereitete Gemüse zufügen und unter ständigem Rühren anbraten. Mit Salz und Pfeffer abschmecken und mit Sojasauce ablöschen. Reiswein und Essig zugeben und das Gemüse bei schwacher Hitze knapp garen.
2. Die Stärke mit wenig Wasser anrühren und die Flüssigkeit damit binden.

Tip:

Gemüse kann man im Wok schnell und knackig garen. „Pfannenrühren" nennen es die Chinesen, die die halbrunde, große Eisenpfanne erfunden haben. Das Gemüse muß in möglichst gleich große Stücke geschnitten werden, die dann mit einer Schaufel aus Metall, die in ihrer Form der des Woks angepaßt ist, ständig in Bewegung gehalten wird.

Zutaten
10 g Pilze getrocknet
100 g Blumenkohl
100 g Gartenkürbis
50 g Rettich
100 g Bleichsellerie
70 g Erbsen grün
150 g Paprikaschoten
120 g Zwiebeln
10 ml Olivenöl
2 g Ingwerknolle
5 g Maisstärke
3 g Knoblauch
Meersalz
1 TL Zucker
Pfeffer frisch gemahlen
2 EL Sojasauce
2 cl Reiswein
1 Spritzer roter Essig

Pro Portion:
kcal 133 • EW 4,3
F 9 • KH 10 • ES 0
Ca 56 • LinS 0,9
AraS 0,0 • Chol 1,6
Vit C 84,0
Vit D 0,7 • Vit E 1,6
Hsr 87

Rezept 114

Hühnerfleisch mit Mangold und Fenchel

4 Portionen

Zutaten
200 g Hühnerbrust frisch (ohne Haut)
10 g Sesamöl
5 g Knoblauch
50 g Lauchzwiebeln
100 g Mangold
50 g Karotten
100 g Fenchel
1/4 l Basensauce (Rezept 31)
1/4 l Gemüsebrühe (Rezept 17/18)
Meersalz
Muskatnuß
1/2 TL frischer Ingwer
frischer Thymian

Pro Portion:
kcal 98 • EW 13,2
F 3 • KH 3 • ES 0
Ca 83 • LinS 1,2
AraS 0,0 • Chol 33
Vit C 37,2 • Vit D 0
Vit E 2,2 • Hsr 112

Zubereitung:

1. Hühnerfleisch fein schneiden. Frühlingszwiebeln waschen und in Ringe schneiden. Mangold waschen und grob schneiden. Karotten schälen und in feine Scheiben schneiden. Fenchel putzen, waschen und in Streifen schneiden. Thymianblätter abzupfen, Ingwer schälen und fein schneiden, Knoblauch zerdrücken.
2. Öl in den Wok geben und die Zwiebelringe und Knoblauch darin anschwitzen. Fenchel und Karotten zugeben, kurz mitschwitzen und mit Gemüsebrühe auffüllen. Salzen und bei zugedecktem Wok halbweich dünsten. Jetzt den Mangold zugeben und in 5 Minuten fertigdünsten. Dabei evtl. etwas Brühe nachgießen.
3. Das fein geschnittene Hühnerfleisch unterheben und mit Ingwer, Thymian, Salz und Pfeffer gut abschmecken. Mit soviel Basensauce mischen, daß ein gefälliges Eintopfgericht entsteht. Restliche Basensauce extra servieren.

Tip:

Dieses Gericht kann natürlich auch mit anderen Fleischsorten, auch mit Fisch, gemacht werden. Die Basensauce eignet sich nicht nur bei Wokgerichten zum Binden. Sie kann immer dann eingesetzt werden, wenn man auf das traditionelle Binden mit Mehl verzichten will.

Süßspeisen und Desserts

Rezept 115

Hausgemachtes Dinkel-Briochegebäck

15 Scheiben

Zutaten
500 g Dinkel-Vollkornmehl
80 g Honig
40 g Butter oder Margarine oder Milchhalbfett
21 g Hefe
200 ml Kuhmilch fettarm
40 g Hühnereiweiß (1 Stück)
1 g Zitrone
1 g Vanillezucker

Pro Portion:
cal 138 • EW 4,8
F 2 • KH 25 • ES 0
Ca 31 • LinS 0,0
AraS 0,0 • Chol 4,5
Vit C 0,3 • Vit D 0
Vit E 0,5 • Hsr 33

Zubereitung:

1. Milch mit Butter, Honig und Vanillezucker fingerwarm erwärmen. Mehl mit der zerbröckelten Hefe und Zitronenschale in eine Rührschüssel geben. Erwärmte Milch, Salz und Eiweiß dazugeben und einen glatten Teig kneten.
2. Den Teig zugedeckt etwa fi Stunde an einem warmen Ort gehen lassen. Dann nochmal kurz durchkneten, eine lange Teigrolle formen und davon Teile mit ca. 50 g abstechen. Diese Teigstücke ohne Mehl auf einem Brett zu unterschiedlichen Brioches (wie Schnecken, Wecken, Zöpfe oder Bischofsstäbe) formen und auf ein bemehltes Backblech legen (oder Pergamentpapier verwenden). 15 Minuten an einem warmen Ort gehen lassen. Dann mit etwas Milch bepinseln und etwas Mohn, Sesam oder gehackte Nüsse auf die Brioches streuen. Im vorgeheizten Ofen (mittlere Schiene) bei 220° C etwa 15 Minuten backen. Die Hitze muß so hoch sein, daß die Gebäckstücke in den ersten 10 Minuten eine schöne goldbraune Farbe bekommen. Dann, wenn nötig, auf 200° C zurückschalten.

Mit einem Spachtel aus dem Ofen nehmen und auf einem Gitter erkalten lassen.

Tip:

Wichtig ist bei Dinkelgebäck, daß die Backzeit bei 50 g schweren Stücken nicht mehr als 15 Minuten beträgt, sonst werden die Brioches zu trocken. Aus dem gleichen Grundteig können Sie auch einen Laib oder Zopf formen; diesen dann 25 Minuten backen.

Mit Rosinen, Zimt und Rohzucker gefüllt können Sie daraus einen Kärntner Reindling formen, diesen 45 Minuten bei 200° C backen.

Rezept: 116

Kartoffelteig für Fruchtknödel

4 Knödel

Zutaten
150 g Kartoffeln ungeschält
50 g Dinkel-Vollkornmehl
40 g Butter oder Margarine oder Milchhalbfett
40 g Hühnereiweiß (1 Stück)
Meersalz

Pro Portion:
kcal 108 • EW 3,7
F 4 • KH 13 • ES 0
Ca 19 • LinS 0,1
AraS 0,0 • Chol 14
Vit C 6,4 • Vit D 0,1
Vit E 0,3 • Hsr 16

Zubereitung:

1. Mehlige Kartoffeln im Kocheinsatz weichdämpfen, leicht abkühlen lassen, pellen und durch ein Passiersieb streichen oder drücken.
2. Mit den restlichen Zutaten vermengen und schnell zu einem glatten Teig verkneten. Gute, sonnengereifte Früchte nach Wahl und Saison in den Kartoffelteig rollen bzw. einschlagen. 4 (oder 8 kleine) Knödel formen und diese in sprudelndem Salzwasser 10 Minuten ziehen lassen. Mit einer Netzkelle herausheben und in Kuchenbröseln mit Rohzucker wälzen. Mit Staubzucker bestreuen und mit Zitronenmelisse garnieren.

Tip:

Ungefüllt können Kartoffelknödel auch als Hauptspeise oder Beilage serviert werden. Bei größeren Mengen werden die ungeschälten Kartoffeln in Folie gewickelt und 1 Stunde im Backofen gegart, bevor sie gepellt und weiterverwendet werden. Das hat den Vorteil, daß die Kartoffeln ihre Feuchtigkeit verlieren, wodurch der Teig noch besser wird.

Rezept: 117

Quarkknödel (Dessert)

8 Knödel - 4 Portionen

Zutaten
120 g Quark Magerstufe
80 g Hühnereiweiß (2 Stück)
20 g Halbfettbutter
30 g Honig
40 g Weizengrieß
40 g Dinkel-Vollkornmehl
Meersalz
geriebene Zitronenschale

Pro Portion:
kcal 138 • EW 8,7
F 3 • KH 20 • ES 0
Ca 42 • LinS 0,0
AraS 0,0 • Chol 0
Vit C 0,5 • Vit D 0
Vit E 0,2 • Hsr 8,2

Zubereitung:

1. Butter mit Salz, Honig und Zitronenschale schaumig rühren, Eiweiß untermengen, Mehl, Quark und Grieß beifügen und zu einem glatten Teig kneten. 1-2 Stunden im Kühlschrank ruhen lassen. Mit Hilfe eines Eisportionierers 8 kleine Klößchen ins kochende Salzwasser legen und 10 Minuten ziehen lassen. Mit Fruchtmark servieren.

Dieser Teig ist sehr locker und leicht. Im Bedarfsfall können Sie die Mehlmenge um ca. 10 g erhöhen, dann läßt er sich mit den Händen formen.

Tip:

Teig mit entkernten Zwetschgen oder kleinen, halbierten Aprikosen füllen, gut einrollen und in Salzwasser ca. 10 Minuten kochen lassen. Herausheben und in Semmelbröseln oder Kuchenbröseln, mit Rohzucker gemischt, wälzen. Mit pürierten Aprikosen oder Zwetschgenmus servieren. Mit etwas Staubzucker bestreuen.

Rezept: 118

Dinkel-Kaiserschmarren

4 Portionen

Zubereitung:

1. Milch und Mehl mit einem Schneebesen verrühren. Salzen, Sahne und Sultaninen zugeben.
2. Eiweiß mit Zucker zu steifem Schnee schlagen und unter die Grundmasse heben.
3. Butter in einer Pfanne schmelzen lassen, die Teigmasse hineingeben und zugedeckt kurze Zeit anbräunen. Masse in der Mitte teilen und mit Hilfe einer Palette umdrehen. Ca. 10 Minuten in den vorgeheizten Backofen schieben (180° C) und backen. Mit 2 Gabeln in Stücke reißen und noch einmal kurz in den Ofen schieben.

Restlichen Rohzucker in einem Teil der gleichen Pfanne karamelisieren und mit dem Schmarren mischen.

Tip:

Dazu servieren Sie Apfelkompott oder Pflaumenmus. Am besten schmeckt der Schmarren, wenn das Getreide kurz vorher fein gemahlen wird.

Zutaten

80 g Dinkel-Vollkornmehl
160 g Hühnereiweiß (4 Stück)
60 g Sahne 10% Fett
60 ml Kuhmilch fettarm
50 g Sultaninen
20 g Butter oder Margarine oder Milchhalbfett
30 g Zucker braun/Rohzucker
Zucker zum Karamelisieren
Salz

Pro Portion:
kcal 193 • EW 8,2
F 4 • KH 29 • ES 0
Ca 59 • LinS 0,1
AraS 0,0 • Chol 14
Vit C 0,6 • Vit D 0,1
Vit E 0,5 • Hsr 30

Rezept: 119

Gezogener Apfelstrudel

12 Portionen

Zutaten

Für den Strudelteig:
75 g Weizenmehl Type 405
10 g Sojaöl
30 ml Wasser
Salz

Für die Füllung:
750 g säuerliche Äpfel
30 g Butter oder Margarine oder Milchhalbfett
60 g Semmelbrösel
75 g brauner Rohzucker
6 g Zimt
30 g Rosinen
20 g Nüsse
20 g Butter oder Margarine oder Milchhalbfett
Butter zum Bestreichen

Pro Portion:
kcal 138 • EW 2,0
F 4 • KH 24 • ES 0
Ca 24 • LinS 0,8
AraS 0,0 • Chol 21
Vit C 7,6 • Vit D 0
Vit E 0,7 • Hsr 57

Zubereitung:

1. Das Mehl auf eine Arbeitsfläche geben, in die Mitte eine Vertiefung drücken und das Öl mit etwas Wasser hineingießen. Mit einer Hand alle Zutaten verrühren, dann nach und nach das Wasser zugießen, bis der Teig die richtige Konsistenz hat. Jetzt mit beiden Händen den Teig richtig kräftig durchkneten, bis er schön glatt ist. Zu einer Kugel formen, auf ein mit Mehl bestäubtes Brett legen und die Oberfläche mit Öl einreiben, damit der Teig bei der folgenden Ruhezeit von mindestens fi Stunde keine Haut ziehen kann. Mit Klarsichtfolie abdecken.
2. Die Äpfel schälen, das Kerngehäuse ausschneiden. Äpfel in ganz dünne Scheiben schneiden (oder besser noch hobeln). Die Semmelbrösel in der Butter hellbraun rösten und erkalten lassen. Nun den Teig auf einem bemehlten Tuch hauchdünn ausziehen. Die Teigränder wegschneiden.
3. Zwei Drittel des Teiges mit zerlassener Butter bestreichen. Auf das verbleibende Drittel werden die gerösteten Semmelbrösel gestreut, darauf kommen die vorbereiteten Äpfel. Mit Zimtzucker, Rosinen und grob gehackten Walnüsse bestreuen.
4. Nun wird der Strudel durch Anheben des Tuches aufgerollt, dabei sollte man immer wieder nachfassen, damit er auch fest aufgerollt wird. In eine mit Butter ausgestrichene Bratform legen und die Oberfläche mit etwas flüssiger Butter bestreichen. Im vorgeheizten Backofen bei 220° C etwa 30 Minuten backen.

Tip:

Apfelstrudel wird in Österreich auch als Hauptspeise oder als Nachtisch in kleineren Portionen mit einem Tupfer Sahne oder Vanillesauce. Am besten schmeckt der Strudel, wenn er noch warm ist.

Rezept: 120

Dukatenbuchteln mit Vanillesauce

12 Portionen

Zutaten

500 g Dinkel-Vollkornmehl
25 g Hefe
60 ml Kuhmilch entrahmt
40 g Butter oder Margarine oder Milchhalbfett
70 g brauner Rohzucker
80 g Hühnereiweiß (2 Stück)
½ abgeriebene Zitrone
¼TL Salz
Butter zum Bestreichen

Pro Portion:
kcal 171 • EW 6,1
F 2 • KH 31 • ES 0
Ca 28 • LinS 0,5
AraS 0,0 • Chol 8,3
Vit C 0,1 • Vit D 0,1
Vit E 0,7 • Hsr 43

Zubereitung:

1. Das Mehl in eine Schüssel geben, in der Mitte eine Vertiefung machen und die Hefe hineinbröckeln. In der lauwarmen Milch auflösen und mit einer Mehlschicht zudecken. Nach / Stunde (an einem warmen Ort) zeigt die Oberfläche des „Dampfl", - so nennen die Österreicher den Vorteig - Risse. Ein Zeichen dafür, daß er genügend gegangen ist. Die Butter zerlassen, darin den Zucker, das Salz und geriebene Zitronenschale mit den 2 Eiweiß cremig verrühren. Zum Vorteig geben und einen glatten, trockenen Hefeteig schlagen, der sich vom Schüsselrand lösen sollte. Wenn nötig, etwas Milch zugeben, je nachdem, ob er zu weich oder zu fest ist. Am besten ist, den Teig vorerst locker zu halten, denn etwas Mehl kann man hinterher immer dazugeben. Mit nachträglicher Flüssigkeitszugabe ist es wesentlich schwieriger, weil der Teig zu schmieren beginnt.
2. Zugedeckt nochmals / Stunde gehen lassen. Den Teig etwa 1,5 cm dick ausrollen, mit einem runden Ausstecher von 2,5 cm Durchmesser ausstechen und auf ein bemehltes Brett setzen. Die Pfanne ausbuttern, die Dukatenbuchteln zusätzlich in flüssiger Butter drehen und aneinandersetzen. Sie lassen sich dadurch nach dem Backen leicht auseinanderbrechen.
3. Die Buchteln mit einem Tuch zugedeckt nochmals gehen lassen, bis sich ihr Volumen fast verdoppelt hat. Die Oberfläche mit flüssiger Butter bestreichen und im vorgeheizten Ofen bei 200° C 20–25 Minuten backen. Nach etwa 15 Minuten die Buchteln nochmals mit Butter überpinseln und bei 220° C fertigbacken.

Tip:

Die Buchteln werden noch warm serviert. Dazu servieren Sie warme Vanillesauce. Sie können die Buchteln auch mit etwas Marmelade füllen.

Rezept 121

Dinkelroulade

8 Portionen

Zutaten
120 g Hühnereiweiß (3 Stück)
50 g Dinkel-Vollkornmehl
40 g brauner Rohzucker
60 g Erdbeerkonfitüre
Meersalz
Vanillezucker

Pro Portion:
kcal 67 • EW 2,4
F 0 • KH 14 • ES 0
LinS 0,1 • AraS 0,0
Vit C 0 • Vit D 0
Vit E 0,1 • Chol 0
Hrs 6

Zubereitung:

1. Eiweiß mit Zucker, einer Prise Salz und Vanillezucker zu steifem Schnee schlagen, das Mehl unterheben und die Masse fingerdick auf ein mit Backpapier belegtes Backblech streichen.
2. Im vorgeheizten Ofen bei 200° C etwa 8 Minuten backen. Danach auf ein zweites bemehltes Papier stürzen und das erste Papier abziehen.
3. Die Roulade noch warm mir Erdbeerkonfitüre bestreichen und vorsichtig einrollen. Mit einem scharfen Messer in Scheiben schneiden.

Tip:

Diese Roulade kann auch mit sehr fein gemahlener Hirse, mit fein gemahlenem Mais oder Amaranth zubereitet werden.
Am besten das Getreide kurz vor Verwendung fein mahlen, damit der Geschmack und die Inhaltsstoffe bestmöglichst erhalten bleiben.

Rezept 122

Vanillecreme ohne Ei

Grundcreme zum Ableiten
4 Portionen

Zutaten
500 ml Kuhmilch entrahmt
80 g Honig
5 g Agar-Agar, Trockenprodukt (oder 4 Blatt Speise-gelatine)
40 g Hühnereiweiß (1 Stück)
2 g Vanillezucker
Zitronenemelissenblätter

Pro Portion:
kcal 117 • EW 6,1
F 0 • KH 22 • ES 0
LinS 0,0 • AraS 0,0
Vit C 4 • Vit D 0
Vit E 0,0 • Chol 2,5
Hsr 4,6

Zubereitung:

1. Milch mit Agar-Agar Pulver gut verrühren und über Dampf so heiß machen, bis die Milch dicklich gebunden wird. Honig und Vanillezucker zugeben und kräftig durchrühren. Erkalten lassen, steif geschlagenes Eiweiß unterheben und servieren. Mit Blättern von frischer Zitronenmelisse garnieren oder mit kleingeschnittenen, frischen Früchten mischen. Die Früchte vorher mit etwas Rohzucker marinieren (100 g Früchte oder 40 g Preiselbeerkonfitüre).

Tip:

Diese Creme schmeckt durch die Algen etwas salzig und wird auch nicht so glatt wie bei Verwendung von Gelatine. In diesem Fall die Gelatineblätter 3 Minuten vorher einweichen und in der erwärmten Milch auflösen. Die Milch kann aber auch mit einen fertigen Bindemittel in Pulverform gebunden werden (Vanillepudding ohne Ei oder einfach Maisstärke). Statt Eiweiß nehmen Sie dann 4 EL steifgeschlagene Sahne (10% Fett) zum Unterheben. Kann auch mit Nüssen verfeinert werden.

Ganztagespläne mit Nährwertberechnung

Das Wichtigste auf einen Blick

Hier finden Sie einige Beipiele für einen praxisnahen Ganztagesplan mit deutlicher Fettreduktion. In dieser Form können alle im Rezeptteil enthaltenen Gerichte kombiniert verwendet werden. Wenn jemand mehr Energie benötigt, dann werden einfach die Portionen – nicht die Fettmengen – um ein Drittel angehoben. Ebenso kann auch reduziert werden.

Mit weniger Fett zu arbeiten, als im Rezeptteil umgesetzt, wirkt schon praxisfremd und ist im Durchschnitt auch nicht sinnvoll. Vorsichtig müssen Sie sein, wenn Sie unterwegs im Gasthaus oder Hotel essen müssen. Bestellen Sie grundsätzlich nur gedünstete oder gedämpfte Kartoffeln und werten Sie diese dann am Tisch mit kaltgepreßtem Leinöl oder Olivenöl auf. 1 Kaffeelöffel voll Öl wiegt ca. 3 g. Notfalls müssen Sie Ihr eigenes gutes Öl in einem kleinen Fläschchen mitnehmen. Achten Sie bei angemachten Salaten auf das Fett und wählen Sie grundsätzlich keine fetten Speisen oder gar in Fett gebackene Gerichte aus. Salate, Nudeln, Reis und Kartoffeln sind unterwegs überall zu bekommen. Wenn Sie häufiger in ein bestimmtes Lokal kommen, wird es immer leichter. Italienische Lokale verabeiten fast durchwegs hervorragendes Öl und es gibt auch immer Gemüse und Nudeln.

Wenn Sie beruflich gar keine andere Möglichkeit haben, versuchen Sie, zu Mittag zumindest eine Kleinigkeit zu essen. Es reicht schon eine warme Suppe mit einem Stück Vollkornbrot oder ein Salat mit einem Stück Brot. Kleine Antipasti sind immer schnell zu bekommen. Das hat den Vorteil, daß kein „Heißhunger" entstehen kann, der zu unkontrolliertem Essen am Abend verleitet. Vergessen Sie auch nicht, genug alkoholfreie Flüssigkeit zu sich zu nehmen. Im Auto ist eine Flasche Mineralwasser immer günstig, weil auch Trinken den Hunger – zumindest teilweise – stillt.

Vorschläge für ein schnelles Abendessen

Für die meisten Menschen ist das Abendessen ein Problem. In unserer Gesellschaft wird hauptsächlich am Abend statt zu Mittag gegessen. Das Abendessen ist dann meist zu umfangreich, zu fett und zu schwer. Es wird nicht daran gedacht, daß ein leichtes Abendessen mehr Wohlbefinden nach dem Essen bringt, weil dadurch Verdauungskraft eingespart wird, wodurch wieder mehr Energie zur Verfügung steht. Wenn der Körper müde ist, sind auch die Verdauungsorgane zu keinen Höchstleistungen mehr imstande. Diese Einsicht erlangen zumeist aber erst jene Menschen, die einen Leidensdruck haben.
Sämtliche Gerichte im Rezeptteil des Buches (Nudelgerichte, Kartoffelspeisen, Gemüsegerichte, Reisgerichte, Basensuppen) können auch am Abend gegessen werden und sättigen in ausreichendem Maße. Lesen Sie bitte dazu auf Seite 152 „Gemüse als Vorspeise, Hauptgericht oder Abendessen". Alle Gemüse-Vorspeisen können mit warmen Kartoffeln oder Reis gegessen werden oder werden damit zur Hauptspeise. Die im Rezeptteil angebotenen Fischgerichte eignen sich ebenfalls für ein Abendessen, allerdings nur sollte man Fisch nur einmal täglich und nicht mehr als 2-3 Mal pro Woche zu sich nehmen. Eigelb sollten Sie - wenn überhaupt - nur einmal pro Woche verzehren. Als kalte Speisen eignen sich Magerquarkaufstriche (siehe Seite 52-55 Brotaufstriche) mit etwas Butter und Vollkornbrot. dazu als Getränk ein frisch gebrühter Kräutertee.

Tagesplan 1a

	kcal	EW	F	KH	Ca	LinS	AraS	Vit D
		g	g	g	mg	g	g	mg
Frühstück:								
1 Kanne Kräutertee mit Honig und Orangensaft oder grüner Tee oder Getreidekaffee mit Milch								
20 g Honig	61	0,1	0	15	1	0,0	0,0	0,0
60 ml Orangensaft	27	0,6	0	5	26	0,0	0,0	0,0
100 g Roggenvollkornbrot	187	6,5	1	37	22	0,4	0,0	0,0
50 g Grahambrötchen	125	4,0	1	25	10	0,2	0,0	0,0
10 g Butter/Milchhalbfett	38	0,4	4	0	12	0,1	0,0	0,1
20 g BrombeereKonfitüre	53	0,1	0	13	3	0,0	0,0	0,0
20 g Erdbeerkonfitüre	54	0,1	0	13	2	0,0	0,0	0,0
40 g Kochkäse Magerstufe	34	6,1	0	2	80	0,0	0,0	0,0
120 g Joghurt entrahmt	46	5,2	0	5	168	0,0	0,0	0,0
20 g Hafer-Vollkornflocken	74	2,5	1	13	11	0,5	0,0	0,0
150 g Apfel	78	0,5	1	17	10	0,3	0,0	0,0
150 g Banane	142	1,7	0	32	14	0,0	0,0	0,0
Mittagessen:								
Fenchelsuppe (Rez. 28)								
150 g Fenchel	38	3,6	0	4	164	0,2	0,0	0,0
50 g Kartoffeln geschält	36	1,0	0	7	3	0,0	0,0	0,0
20 g Lauchzwiebeln	8	0,2	0	2	28	0,0	0,0	0,0
20 g Joghurt entrahmt	8	0,9	0	1	28	0,0	0,0	0,0
1 g Küchenkräuter	1	0,0	0	0	2	0,0	0,0	0,0
200 g Gemüsebrühe (Rez. 17/18)	0,0							
Risotto von Radicchio di Treviso (Rez. 67)		0,0						
20 g Zwiebeln	6	0,2	0	1	6	0,0	0,0	0,0
2 g Knoblauch	3	0,1	0	1	1	0,0	0,0	0,0
5 g Butter /Milchhalbfett	19	0,2	2	0	6	0,0	0,0	0,0
50 g Reis halbpoliert	175	3,5	1	38	6	0,2	0,0	0,0
40 ml Weißwein halbtrocken	30	0,0	0	1	6	0,0	0,0	1,1
50 g Radicchio	7	0,6	0	1	20	0,0	0,0	0,0
175 ml Gemüsebrühe (Rez. 17/18)								
Kürbissauce (Rez. 35)								
60 g Gartenkürbis	8	0,3	0	1	11	0,0	0,0	0,0
20 g Zwiebeln	35	0,3	3	2	7	0,4	0,0	0,0
10 g saure Sahne 10 % Fett	12	0,3	1	0	11	0,0	0,0	0,0
Salat:								
60 g Kopfsalat	7	0,8	0	1	22	0,0	0,0	0,0
30 g Tomaten	5	0,3	0	1	4	0,0	0,0	0,0
10 g Brunnenkresse	2	0,2	0	0	18	0,0	0,0	0,0
2 g Olivenöl	18	0,0	2	0	0	0,2	0,0	0,0
1 g Kräuteressig	0	0,0	0	0	0	0,0	0,0	0,0
Dessert:								
80 g Honigkuchen	244	3,4	1	54	32	0,1	0,0	0,0
Abendessen:								
1 Kanne Kräutertee mit Honig und Orangensaft								
20 g Honig	61	0,1	0	15	1	0,0	0,0	0,0
20 ml Orangensaft	9	0,2	0	2	9	0,0	0,0	0,0
30 g Forelle geräuchert	36	6,5	1	0	4	0,0	0,0	6,0
30 g Buckellachs	34	6,0	1	0	6	0,0	0,0	0,2
20 g Frischkäse Magerstufe	16	2,7	0	1	24	0,0	0,0	0,0
60 g Hirsevollkornbrot	131	4,5	1	26	17	0,5	0,0	0,0
60 g Graubrot/Mehrkornbrot	133	3,7	1	28	15	0,2	0,0	0,0
Gesamtsumme:	1999	67,2	23	363	807	3,7	0,0	7,6

Eiweiß 67,18 g (14%) Fett 23,24 g (11%)
Kohlenhydrate 363,29 (74%) Alkohol 3,80 g (1%)

kcal = Kilokalorien, EW = Eiweiß, F = Fett, KH = Kohlenhydrate, Ca = Calcium, LinS = Linolsäure, AraS = Arachidonsäure
Vit D = Vitamin D

Tagesplan 1b

	Chol mg	Hsr mg	MUFS g	EUFS g	Mg mg	C mg	E mg	Bst g	ES g
Frühstück:									
1 Kanne Kräutertee mit Honig und Orangensaft oder grüner Tee oder Getreidekaffee mit Milch									
20 g Honig	0	0	0,0	0,0	1	0	0,0	0,0	0,0
60 ml Orangensaft	0	13	0,0	0,0	9	19	0,1	0,1	0,0
100 g Roggenvollkornbrot	0	57	0,5	0,1	57	0	1,0	8,5	0,0
50 g Grahambrötchen	0	30	0,3	0,2	16	0	0,2	1,7	0,0
10 g Butter/Milchhalbfett	14	0	0,1	1,2	1	0	0,1	0,0	0,0
20 g Brombeerkonfitüre	0	1	0,0	0,0	2	0	0,0	0,5	0,0
20 g Erdbeerkonfitüre	0	2	0,0	0,0	1	0	0,0	0,1	0,0
40 g Kochkäse Magerstufe	1	0	0,0	0,1	8	0	0,0	0,0	0,0
120 g Joghurt entrahmt	1	0	0,0	0,0	16	1	0,0	0,0	0,0
20 g Hafer-Vollkornflocken	0	20	0,6	0,5	28	0	0,3	1,1	0,0
150 g Apfel	0	22	0,3	0,0	9	18	0,7	3,0	0,0
150 g Banane	0	38	0,1	0,0	54	18	0,4	3,0	0,0
Mittagessen:									
Fenchelsuppe (Rez.28)									
150 g Fenchel	0	24	0,2	0,0	74	140	9,0	6,3	0,0
50 g Kartoffeln geschält	0	8	0,0	0,0	10	8	0,0	1,1	0,0
20 g Lauchzwiebeln	0	3	0,0	0,0	2	5	0,1	0,6	0,0
20 g Joghurt entrahmt	0	0	0,0	0,0	3	0	0,0	0,0	0,0
1 g Küchenkräuter	0	0	0,0	0,0	0	1	0,0	0,1	0,0
200 g Gemüsebrühe (Rez. 17/18)									
Risotto von Radicchio di Treviso (Rez. 67)									
20 g Zwiebeln	0	3	0,0	0,0	2	2	0,0	0,4	0,0
2 g Knoblauch	0	0	0,0	0,0	1	0	0,0	0,0	0,0
5 g Butter/Milchhalbfett	7	0	0,1	0,6	1	0	0,1	0,0	0,0
50 g Reis halbpoliert	0	65	0,2	0,1	40	0	0,1	0,9	0,0
40 ml Weißwein halbtrocken	0	0	0,0	0,0	4	0	0,0	0,0	0,0
50 g Radicchio	0	5	0,1	0,0	6	14	0,2	0,8	0,0
175 ml Gemüsebrühe (Rez. 17/18)									
Kürbissauce (Rez. 35)									
60 g Gartenkürbis	0	4	0,1	0,0	6	7	0,3	0,7	0,0
20 g Zwiebeln	1	3	0,4	1,1	3	1	0,0	0,3	0,0
10 g saure Sahne 10 % Fett	4	0	0,0	0,3	1	0	0,0	0,0	0,0
Salat:									
60 g Kopfsalat	0	6	0,1	0,0	7	8	0,4	1,0	0,0
30 g Tomaten	0	3	0,0	0,0	4	7	0,2	0,3	0,0
10 g Brunnenkresse	0	3	0,0	0,0	3	5	0,1	0,3	0,0
2 g Olivenöl kaltgepreßt	0	0	0,2	1,4	0	0	0,2	0,0	0,0
1 g Kräuteressig	0	0	0,0	0,0	0	0	0,0	0,0	0,0
Dessert:									
80 g Honigkuchen	2	11	0,2	0,3	12	0	0,1	1,5	0,0
Abendessen:									
1 Kanne Kräutertee mit Honig und Orangensaft									
20 g Honig	0	0	0,0	0,0	1	0	0,0	0,0	0,0
20 ml Orangensaft	0	4	0,0	0,0	3	6	0,0	0,0	0,0
30 g Forelle geräuchert	18	94	0,4	0,3	8	1	0,5	0,0	0,0
30 g Buckellachs	16	42	0,3	0,4	9	1	0,1	0,0	0,1
20 g Frischkäse Magerstufe	1	0	0,0	0,1	2	0	0,0	0,0	0,0
60 g Hirsevollkornbrot	0	38	0,5	0,2	59	0	0,6	3,1	0,0
60 g Graubrot-Mehrkornbrot	0	32	0,3	0,1	27	0	0,4	2,8	0,0
Gesamtsumme:	64	532	5,0	7,2	489	264	15,5	38,1	0,1

Eiweiß 67,18 g (14%) Fett 23,24 g (11%)
Kohlenhydrate 363,29 g (74%) Alkohol 3,80 g (1%)

Chol = Cholesterin, Hsr = Harnsäure, MUFS = mehrf.unges.Fettsäuren, EUFS = einfach unges.Fettsäuren
Mg = Magnesium, C = Vitamin C, E = Vitamin E Aktiv, Bst = Ballaststoffe gesamt
ES = Eicosapentaensäure (C 20:5) N-3 Fettsäure

Tagesplan 2a

	kcal	EW g	F g	KH g	Ca mg	LinS g	AraS g	Vit D mg
Frühstück:								
1 Kanne Getreidekaffee mit Milch oder 1 Kanne Kräutertee mit Honig und Orangensaft oder grüner Tee								
20 g Honig	61	0,1	0	15	1	0,0	0,0	0,0
60 ml Orangensaft	27	0,6	0	5	26	0,0	0,0	0,0
100 g Reisvollkornbrot	218	6,8	1	44	24	0,5	0,0	0,0
50 g Mehrkornvollkornbrot	100	3,4	1	20	12	0,2	0,0	0,0
10 g Butter/Milchhalbfett	38	0,4	4	0	12	0,1	0,0	0,1
40 g Aprikosenkonfitüre	109	0,1	0	26	3	0,0	0,0	0,0
40 g Kochkäse Magerstufe	34	6,1	0	2	80	0,0	0,0	0,0
120 g Joghurt entrahmt	46	5,2	0	5	168	0,0	0,0	0,0
20 g Hafer Vollkornflocken	74	2,5	1	13	11	0,5	0,0	0,0
150 g Apfel	78	0,5	1	17	10	0,3	0,0	0,0
150 g Banane	142	1,7	0	32	14	0,0	0,0	0,0
Mittagessen:								
Thymian Basensuppe (Rez. 25)								
150 g Kartoffeln geschält	106	3,1	0	22	9	0,1	0,0	0,0
20 g Lauchzwiebeln	8	0,2	0	2	28	0,0	0,0	0,0
2 g Thymian frisch	1	0,0	0	0	6	0,0	0,0	0,0
10 g saure Sahne 10 % Fett	12	0,3	1	0	11	0,0	0,0	0,0
Kartoffelnudeln mit Steinpilzen (Rez. 58)								
150 g Kartoffeln ungeschält	106	3,1	0	22	9	0,1	0,0	0,0
40 g Dinkel Vollkornmehl	124	4,6	1	24	13	0,4	0,0	0,0
12 g Emmentaler	46	3,4	4	0	132	0,1	0,0	0,1
20 g Hühnereiweiß	10	2,2	0	0	2	0,0	0,0	0,0
150 g Steinpilze frisch	22	4,1	0	1	16	0,0	0,0	2,9
10 g Butter/Milchhalbfett	38	0,4	4	0	12	0,1	0,0	0,1
20 g Zwiebeln	35	0,3	3	2	7	0,4	0,0	0,0
1 g Küchenkräuter frisch	1	0,0	0	0	2	0,0	0,0	0,0
Endiviensalat								
80 g Endivien	9	1,4	0	0	43	0,1	0,0	0,0
10 g Brunnenkresse	2	0,2	0	0	18	0,0	0,0	0,0
30 g Kartoffeln geschält gegart	21	0,6	0	4	2	0,0	0,0	0,0
3 g Olivenöl kaltgepreßt	26	0,0	3	0	0	0,3	0,0	0,0
1 g Kräuteressig	0	0,0	0	0	0	0,0	0,0	0,0
Dessert								
60 g Apfelkuchen fettarm	86	1,7	2	15	11	0,2	0,0	0,0
Abendessen:								
Liebstöcklsuppe (Rez. 24)								
150 g mehlige Kartoffeln geschält	106	3,1	0	22	9	0,1	0,0	0,0
5 g Liebstöckel frisch	2	0,2	0	0	8	0,0	0,0	0,0
20 g Zwiebelgemüse	35	0,3	3	2	7	0,4	0,0	0,0
10 g saure Sahne 10 % Fett	12	0,3	1	0	11	0,0	0,0	0,0
200 ml Gemüsebrühe (Rez. 17/18)								
Gemüsereis								
100 g Reis ungeschält gegart	112	2,6	1	23	9	0,3	0,0	0,0
50 g Blumenkohl	12	1,2	0	1	10	0,0	0,0	0,0
50 g Mangold	12	1,1	0	1	52	0,0	0,0	0,0
50 g Möhrengemüse	24	0,5	1	2	21	0,3	0,0	0,0
50 g Grünkohl	18	2,2	0	1	106	0,1	0,0	0,0
10 g Hüttenkäse Magerstufe	8	1,3	0	0	7	0,0	0,0	0,0
2 g Küchenkräute	1	0,1	0	0	5	0,0	0,0	0,0
1/8 l Kräuter-Basensauce (Rez. 31)								
Gesamtsumme:	1925	65,7	34	328	924	4,6	0,0	3,4

Eiweiß 65,67 g (14%) Fett 34,46 g (16%) Kohlenhydrate 327,67 g (70%)

kcal = Kilokalorien, EW = Eiweiß, F = Fett, KH = Kohlenhydrate, Ca = Calcium, LinS = Linolsäure, AraS = Arachidonsäure
Vit D = Vitamin D

Tagesplan 2b

	Bst g	Chol mg	Hsr mg	MUFS g	EUFS g	Mg mg	C mg	E mg	ES g
Frühstück:									
1 Kanne Getreidekaffee mit Milch oder 1 Kanne Kräutertee mit Honig und Orangensaft oder grüner Tee									
20 g Honig	0,0	0	0	0,0	0,0	1	0	0,0	0,0
60 ml Orangensaft	0,1	0	13	0,0	0,0	9	19	0,1	0,0
100 g Reisvollkornbrot	4,8	0	64	0,5	0,2	69	0	0,9	0,0
50 g Mehrkornvollkornbrot	4,0	0	32	0,3	0,1	31	0	0,5	0,0
10 g Butter/Milchhalbfett	0,0	14	0	0,1	1,2	1	0	0,1	0,0
40 g Aprikose Konfitüre	0,3	0	3	0,0	0,0	2	0	0,0	0,0
40 g Kochkäse Magerstufe	0,0	1	0	0,0	0,1	8	0	0,0	0,0
120 g Joghurt entrahmt	0,0	1	0	0,0	0,0	16	1	0,0	0,0
20 g Hafer Vollkornflocken	1,1	0	20	0,6	0,5	28	0	0,3	0,0
150 g Apfel	3,0	0	22	0,3	0,0	9	18	0,7	0,0
150 g Banane	3,0	0	38	0,1	0,0	54	18	0,4	0,0
Mittagessen:									
Thymian-Basensuppe (Rez. 25)									
150 g Kartoffeln geschält	3,4	0	24	0,1	0,0	30	26	0,1	0,0
20 g Lauchzwiebeln	0,6	0	3	0,0	0,0	2	5	0,1	0,0
2 g Thymian	0,1	0	0	0,0	0,0	1	0	0,0	0,0
10 g saure Sahne 10 % Fett	0,0	4	0	0,0	0,3	1	0	0,0	0,0
Kartoffelnudeln mit Steinpilzen (Rez. 58)									
150 g Kartoffeln ungeschält	3,4	0	24	0,1	0,0	30	26	0,1	0,0
40 g Dinkel-Vollkornmehl	4,0	0	33	0,4	0,1	50	0	0,6	0,0
12 g Emmentaler	0,0	11	1	0,1	1,1	5	0	0,1	0,0
20 g Hühnereiweiß	0,0	0	0	0,0	0,0	2	0	0,0	0,0
150 g Steinpilze frisch	3,0	0	90	0,2	0,0	20	7	0,2	0,0
10 g Butter/Milchhalbfett	0,0	14	0	0,1	1,2	1	0	0,1	0,0
20 g Zwiebeln	0,3	1	3	0,4	1,1	3	1	0,0	0,0
1 g Küchenkräute	0,1	0	0	0,0	0,0	0	1	0,0	0,0
Endiviensalat									
80 g Endivien	1,0	0	9	0,1	0,0	8	8	0,8	0,0
10 g Brunnenkresse	0,3	0	3	0,0	0,0	3	5	0,1	0,0
30 g Kartoffeln	0,7	0	5	0,0	0,0	6	4	0,0	0,0
3 g Olivenöl kaltgepreßt	0,0	0	0	0,3	2,1	0	0	0,4	0,0
1 g Kräuteressig	0,0	0	0	0,0	0,0	0	0	0,0	0,0
Dessert									
60 g Apfelkuchen fettarm	1,2	11	15	0,2	0,6	6	1	0,2	0,0
Abendessen:									
Liebstöcklsuppe (Rez. 24)									
150 g Kartoffeln geschält	3,4	0	24	0,1	0,0	30	26	0,1	0,0
5 g Liebstöckel frisch	0,2	0	1	0,0	0,0	2	2	0,1	0,0
20 g Zwiebeln	0,3	1	3	0,4	1,1	3	1	0,0	0,0
10 g saure Sahne 10 % Fett	0,0	4	0	0,0	0,3	1	0	0,0	0,0
200 ml Gemüsebrühe (Rez. 17/18)									
Gemüsereis									
100 g Reis ungeschält gegart	0,8	0	53	0,3	0,2	62	0	0,3	0,0
50 g Blumenkohl	1,5	0	22	0,1	0,0	8	36	0,0	0,0
50 g Mangold	1,3	0	28	0,1	0,0	40	20	0,8	0,0
50 g Karotten	1,8	0	8	0,4	0,6	9	4	0,5	0,0
50 g Grünkohl	2,1	0	15	0,3	0,0	16	52	0,9	0,0
10 g Hüttenkäse Magerstufe	0,0	0	0	0,0	0,0	1	0	0,0	0,0
2 g Küchenkräuter	0,1	0	0	0,0	0,0	1	1	0,0	0,0
1/8 l Kräuter-Basensauce (Rez. 31)									
Gesamtsumme:	45,7	62	556	5,8	11,1	568	282	8,4	0,0

Eiweiß 65,67 g (14%) Fett 34,46 g (16%) Kohlenhydrate 327,67 g (70%)

Bst = Ballaststoffe gesamt, Chol = Cholesterin, Hsr = Harnsäure, MUFS = mehrf. unges. Fettsäuren
EUFS = einfach unges. Fettsäuren, Mg = Magnesium, C = Vitamin C, E = Vitamin E Aktiv.
ES = Eicosapentaensäure (C 20:5) N-3 Fettsäure

Tagesplan 3a

	kcal	EW g	F g	KH g	Ca mg	LinS g	AraS g	Vit D mg
Frühstück:								
1 Kanne Kräutertee mit Honig und Orange oder grüner Tee oder 1 Kanne Getreidekaffee mit Milch								
20 g Honig	61	0,1	0	15	1	0,0	0,0	0,0
60 ml Orangensaft	27	0,6	0	5	26	0,0	0,0	0,0
50 g Maisvollkornbrot	108	3,6	1	21	13	0,4	0,0	0,0
100 g Roggenvollkornbrot	187	6,5	1	37	22	0,4	0,0	0,0
10 g Butter/Milchhalbfett	38	0,4	4	0	12	0,1	0,0	0,1
20 g Feigenkonfitüre	56	0,1	0	14	4	0,0	0,0	0,0
20 g Hagebutte Konfitüre	59	0,3	0	14	11	0,0	0,0	0,0
40 g Kochkäse Magerstufe	34	6,1	0	2	80	0,0	0,0	0,0
120 g Joghurt entrahmt	46	5,2	0	5	168	0,0	0,0	0,0
20 g Hafer-Vollkornflocken	74	2,5	1	13	11	0,5	0,0	0,0
150 g Apfel	78	0,5	1	17	10	0,3	0,0	0,0
150 g Beerenobst	106	1,0	0	23	27	0,1	0,0	0,0
Mittagessen:								
Rote Bete-Suppe (Rez. 21)								
100 g Rüben	26	1,0	0	5	41	0,1	0,0	0,0
50 g Kartoffeln geschält	36	1,0	0	7	3	0,0	0,0	0,0
20 g Lauch	15	0,5	1	1	17	0,2	0,0	0,0
2 g Olivenöl	18	0,0	2	0	0	0,2	0,0	0,0
Hechttranche mit Zwiebel und Kräutern (Rez. 102)								
150 g Flußhecht frisch	123	27,6	1	0	30	0,1	0,0	3,0
5 g Vollkornmehl	15	0,6	0	3	2	0,1	0,0	0,0
5 g Butter/Milchhalbfett	19	0,2	2	0	6	0,0	0,0	0,1
20 g Zwiebeln	6	0,2	0	1	6	0,0	0,0	0,0
10 ml Weißwein halbtrocken	7	0,0	0	0	1	0,0	0,0	0,3
100 g Blattspinat	17	2,5	0	1	126	0,0	0,0	0,0
1/16 l Basensauce (Rez. 31)								
150 g Kartoffeln geschält	106	3,1	0	22	9	0,1	0,0	0,0
1 g Petersilienblatt	1	0,0	0	0	2	0,0	0,0	0,0
Salat								
30 g Tomaten	5	0,3	0	1	4	0,0	0,0	0,0
50 g Eisbergsalat	6	0,5	0	1	10	0,0	0,0	0,0
30 g Feldsalat	4	0,6	0	0	10	0,0	0,0	0,0
2 g Olivenöl kaltgepreßt	18	0,0	2	0	0	0,2	0,0	0,0
1 g Kräuteressig	0	0,0	0	0	0	0,0	0,0	0,0
Dessert								
60 g Obstkuchen aus Hefeteig fettarm	86	1,7	2	15	11	0,2	0,0	0,0
Abendessen:								
Gemüseeintopf (Rez. 30)								
150 g Kartoffeln geschält	106	3,1	0	22	9	0,1	0,0	0,0
30 g Teigwaren eifrei	104	3,8	0	21	7	0,2	0,0	0,0
300 g Gemüsemischung	111	8,4	1	17	72	0,2	0,0	0,0
2 g Liebstöckel frisch	1	0,1	0	0	3	0,0	0,0	0,0
2 g Leinöl	18	0,0	2	0	0	0,3	0,0	0,0
50 g Buchweizenvollkornbrot	108	3,6	1	22	14	0,3	0,0	0,0
50 g Vollkornbrötchen mit Mandeln	120	4,3	2	21	22	0,5	0,0	0,0
Meersalz, Pfeffer frisch gemahlen								
Gesamtsumme:	1950	89,7	26	326	790	4,6	0,1	3,5

Eiweiß 89,71 g (19%) Fett 26,43 g (12%) Kohlenhydrate 326,18 g (69%)
Alkohol 0,88 g (0%)

kcal = Kilokalorien, EW = Eiweiß, F = Fett, KH = Kohlenhydrate,Ca = Calcium, LinS = Linolsäure, AraS = Arachidonsäure
Vit D = Vitamin D

Tagesplan 3b

	Bst g	Chol mg	Hsr mg	MUFS g	EUFS g	Mg mg	C mg	E mg	ES g
Frühstück:									
1 Kanne Kräutertee mit Honig und Orange oder grüner Tee oder 1 Kanne Getreidekaffee mit Milch									
20 g Honig	0,0	0	0	0,0	0,0	1	0	0,0	0,0
60 ml Orangensaft	0,1	0	13	0,0	0,0	9	19	0,1	0,0
50 g Maisvollkornbrot	3,1	0	30	0,4	0,2	42	0	0,6	0,0
100 g Roggenvollkornbrot	8,5	0	57	0,5	0,1	57	0	1,0	0,0
10 g Butter/Milchhalbfett	0,0	14	0	0,1	1,2	1	0	0,1	0,0
20 g Feigenkonfitüre	0,2	0	1	0,0	0,0	1	0	0,0	0,0
20 g Hagebuttenkonfitüre	0,4	0	1	0,0	0,0	5	9	0,0	0,0
40 g Kochkäse Magerstufe	0,0	1	0	0,0	0,1	8	0	0,0	0,0
120 g Joghurt entrahmt	0,0	1	0	0,0	0,0	16	1	0,0	0,0
20 g Hafer-Vollkornflocken	1,1	0	20	0,6	0,5	28	0	0,3	0,0
150 g Apfel	3,0	0	22	0,3	0,0	9	18	0,7	0,0
150 g Beerenobst	1,2	0	30	0,2	0,0	14	6	1,0	0,0
Mittagessen:									
Rote Bete-Suppe (Rez. 21)									
100 g Rüben	3,6	0	15	0,1	0,0	18	7	0,5	0,0
50 g Kartoffeln geschält	1,1	0	8	0,0	0,0	10	8	0,0	0,0
20 g Lauch	0,4	0	7	0,3	0,4	4	4	0,3	0,0
2 g Olivenöl	0,0	0	0	0,2	1,4	0	0	0,2	0,0
Hechttranche mit Zwiebel und Kräutern (Rez. 102)									
150 g Flußhecht frisch	0,0	105	210	0,4	0,3	42	6	1,4	0,1
5 g Vollkornmehl	0,5	0	4	0,1	0,0	6	0	0,1	0,0
5 g Butter/Milchhalbfett	0,0	7	0	0,1	0,6	1	0	0,1	0,0
20 g Zwiebeln	0,4	0	3	0,0	0,0	2	2	0,0	0,0
10 ml Weißwein halbtrocken	0,0	0	0	0,0	0,0	1	0	0,0	0,0
100 g Blattspinat	2,6	0	57	0,2	0,0	58	52	1,4	0,0
1/16 l Basensauce (Rez. 31)									
150 g Kartoffeln geschält	3,4	0	24	0,1	0,0	30	26	0,1	0,0
1 g Petersilienblatt	0,0	0	0	0,0	0,0	0	2	0,0	0,0
Salat									
30 g Tomaten	0,3	0	3	0,0	0,0	4	7	0,2	0,0
50 g Eisbergsalat	0,9	0	6	0,1	0,0	4	2	0,3	0,0
30 g Feldsalat	0,5	0	7	0,1	0,0	4	10	0,2	0,0
2 g Olivenöl kaltgepreßt	0,0	0	0	0,2	1,4	0	0	0,2	0,0
1 g Kräuteressig	0,0	0	0	0,0	0,0	0	0	0,0	0,0
Dessert									
60 g Obstkuchen fettarm	1,2	11	15	0,2	0,6	6	1	0,2	0,0
Abendessen:									
Gemüseeintopf (Rez. 30)									
150 g Kartoffeln geschält	3,4	0	24	0,1	0,0	30	26	0,1	0,0
30 g Teigwaren eifrei	1,5	0	18	0,2	0,0	17	0	0,1	0,0
300 g Gemüsemischung	11,3	0	165	0,4	0,2	60	183	2,5	0,0
2 g Liebstöckel	0,1	0	0	0,0	0,0	1	1	0,0	0,0
2 g Leinöl	0,0	0	0	1,3	0,4	0	0	0,1	0,0
50 g Buchweizenvollkornbrot	2,5	0	38	0,3	0,1	41	0	0,5	0,0
50 g Vollkornbrötchen mit Mandeln	3,5	0	33	0,6	0,9	51	0	1,2	0,0
Meersalz, Pfeffer frisch gemahlen									
Gesamtsumme:	54,9	140	812	6,9	8,6	580	390	13,6	0,1

Eiweiß 89,71 g (19%) Fett 26,43 g (12%)
Kohlenhydrate 326,18 g (69%) Alkohol 0,88 g (0%)

Bst = Ballaststoffe gesamt, Chol = Cholesterin, Hsr = Harnsäure, MUFS = mehrf.unges.Fettsäuren
EUFS = einfach unges.Fettsäuren, Mg = Magnesium, C = Vitamin C, E = Vitamin E Aktiv.
ES = Eicosapentaensäure (C 20:5) N-3 Fettsäure

Tagesplan 4a

	kcal	EW g	F g	KH g	Ca mg	LinS g	AraS g	Vit D mg
Frühstück:								
1 Kanne Kräutertee mit Honig und Orangensaft oder grüner Tee oder 1 Kanne Getreidekaffee mit Milch								
60 ml Orangensaft	27	0,6	0	5	26	0,0	0,0	0,0
20 g Honig	61	0,1	0	15	1	0,0	0,0	0,0
100 g Vollkornbrot	187	6,5	1	37	22	0,4	0,0	0,0
50 g Vollkornbrötchen	113	4,0	1	22	18	0,3	0,0	0,0
10 g Butter/Milchhalbfett	38	0,4	4	0	12	0,1	0,0	0,1
40 g Erdbeerkonfitüre	107	0,1	0	26	4	0,0	0,0	0,0
30 g Frischkäse Magerstufe	25	4,0	0	1	36	0,0	0,0	0,0
120 g Joghurt entrahmt	46	5,2	0	5	168	0,0	0,0	0,0
10 g Hafer Vollkornflocken	37	1,3	1	6	5	0,3	0,0	0,0
150 g Apfel	78	0,5	1	17	10	0,3	0,0	0,0
150 g Obstgemüse	20	0,9	0	2	78	0,1	0,0	0,0
100 g Tomate	17	0,9	0	3	14	0,1	0,0	0,0
Mittagessen:								
Frischkräutersuppe (Rez. 19)								
150 g Kartoffeln geschält	106	3,1	0	22	9	0,1	0,0	0,0
20 g Lauchzwiebeln	8	0,2	0	2	28	0,0	0,0	0,0
3 g Küchenkräuter	2	0,1	0	0	7	0,0	0,0	0,0
10 g saure Sahne 10 % Fett	12	0,3	1	0	11	0,0	0,0	0,0
Hühnerfleisch mit Mangold und Fenchel im Wok (Rez. 114)								
60 g Brathähnchen Brust frisch	61	14,1	0	0	8	0,1	0,0	0,0
2 g Sesamöl	18	0,0	2	0	0	0,8	0,0	0,0
2 g Knoblauch	3	0,1	0	1	1	0,0	0,0	0,0
15 g Lauchzwiebeln	6	0,1	0	1	21	0,0	0,0	0,0
80 g Mangold	20	1,7	0	2	82	0,0	0,0	0,0
50 g Karotten	24	0,5	1	2	21	0,3	0,0	0,0
50 g Fenchel	12	1,2	0	1	54	0,1	0,0	0,0
150 g Reis gegart	166	3,6	0	37	3	0,1	0,0	0,0
Salat								
60 g Feldsalat	8	1,1	0	0	21	0,0	0,0	0,0
10 g Brunnenkresse	2	0,2	0	0	18	0,0	0,0	0,0
50 g Gemüsepaprika grün	10	0,6	0	1	6	0,1	0,0	0,0
2 g Olivenöl kaltgepreßt	18	0,0	2	0	0	0,2	0,0	0,0
1 g Kräuteressig	0	0,0	0	0	0	0,0	0,0	0,0
Desser:								
80 g Zwetschgenkuchen fettarm	134	3,3	3	22	24	0,2	0,0	0,0
Abendessen:								
Gemüsesuppe								
20 g Lauch	15	0,5	1	1	17	0,2	0,0	0,0
150 g Gemüsemischung	56	4,2	0	8	36	0,1	0,0	0,0
20 g Joghurt entrahmt	8	0,9	0	1	28	0,0	0,0	0,0
2 g Kerbel	1	0,1	0	0	8	0,0	0,0	0,0
50 g Baguette-Brötchen	126	3,9	1	26	10	0,2	0,0	0,0
Pellkartoffeln mit Tofu-Aufstrich								
250 g Kartoffeln ungeschält	178	5,1	0	37	15	0,1	0,0	0,0
40 g Tofu frisch	29	3,1	2	0	52	0,9	0,0	0,0
20 g Joghurt entrahmt	8	0,9	0	1	28	0,0	0,0	0,0
30 g Gemüsemischung gegart	10	0,8	0	1	8	0,0	0,0	0,0
3 g Leinöl	26	0,0	3	0	0	0,4	0,0	0,0
1 Kanne Kräutertee mit Honig und Orangensaft								
30 g Honig	92	0,1	0	23	2	0,0	0,0	0,0
30 ml Orangensaft	14	0,3	0	3	13	0,0	0,0	0,0
Gesamtsumme:	1927	74,5	27	335	923	5,6	0,0	0,1

Eiweiß 74,51 g (16%) Fett 26,63 g (13%) Kohlenhydrate 334,66 g (71%)

kcal = Kilokalorien, EW = Eiweiß, F = Fett, KH = Kohlenhydrate, Ca = Calcium, LinS = Linolsäure, AraS = Arachidonsäure
Vit D = Vitamin D

Tagesplan 4b

	Bst g	Chol mg	Hsr mg	MUFS g	EUFS g	Mg mg	C mg	E mg	Es g
Frühstück:									
1 Kanne Kräutertee mit Honig und Orangensaft oder grüner Tee oder 1 Kanne Getreidekaffee mit Milch									
60 ml Orangensaft	0,1	0	13	0,0	0,0	9	19	0,1	0,0
20 g Honig	0,0	0	0	0,0	0,0	1	0	0,0	0,0
100 g Vollkornbrot	8,5	0	57	0,5	0,1	57	0	1,0	0,0
50 g Vollkornbrötchen	3,3	0	34	0,4	0,1	48	0	0,6	0,0
10 g Butter/Milchhalbfett	0,0	14	0	0,1	1,2	1	0	0,1	0,0
40 g Erdbeerkonfitüre	0,3	0	4	0,0	0,0	2	1	0,0	0,0
30 g Frischkäse Magerstufe	0,0	2	0	0,0	0,1	3	0	0,0	0,0
120 g Joghurt entrahmt	0,0	1	0	0,0	0,0	16	1	0,0	0,0
10 g Hafer-Vollkornflocken	0,5	0	10	0,3	0,3	14	0	0,1	0,0
150 g Apfel	3,0	0	22	0,3	0,0	9	18	0,7	0,0
150 g Obstsalat	3,5	0	8	0,1	0,0	20	15	0,4	0,0
100 g Tomate	0,9	0	10	0,1	0,0	13	25	0,8	0,0
Mittagessen:									
Frischkräutersuppe (Rez. 19)									
150 g Kartoffeln geschält	3,4	0	24	0,1	0,0	30	26	0,1	0,0
20 g Lauchzwiebeln	0,6	0	3	0,0	0,0	2	5	0,1	0,0
3 g Küchenkräuter	0,2	0	0	0,0	0,0	1	2	0,1	0,0
10 g saure Sahne 10 % Fett	0,0	4	0	0,0	0,3	1	0	0,0	0,0
Hühnerfleisch mit Mangold und Fenchel im Wok (Rez. 114)									
60 g Hähnchenbrust	0,0	40	108	0,1	0,2	16	0	0,2	0,0
2 g Sesamöl	0,0	0	0	0,8	0,8	0	0	0,1	0,0
2 g Knoblauch	0,0	0	0	0,0	0,0	1	0	0,0	0,0
15 g Lauchzwiebeln	0,4	0	2	0,0	0,0	2	4	0,0	0,0
80 g Mangold	2,1	0	46	0,1	0,0	65	31	1,2	0,0
50 g Karotten	1,8	0	8	0,4	0,6	9	4	0,5	0,0
50 g Fenchel	2,1	0	8	0,1	0,0	24	46	3,0	0,0
150 g Reis gegart	0,8	0	51	0,1	0,1	38	0	0,1	0,0
Salat									
60 g Feldsalat	1,1	0	14	0,1	0,0	8	21	0,4	0,0
10 g Brunnenkresse	0,3	0	3	0,0	0,0	3	5	0,1	0,0
50 g Gemüsepaprika grün	1,8	0	5	0,1	0,0	6	70	1,3	0,0
2 g Olivenöl kaltgepreßt	0,0	0	0	0,2	1,4	0	0	0,2	0,0
1 g Kräuteressig	0,0	0	0	0,0	0,0	0	0	0,0	0,0
Dessert									
80 g Zwetschgenkuchen fettarm	1,9	18	22	0,3	0,9	10	1	0,5	0,0
Abendessen:									
Gemüsesuppe									
20 g Lauch	0,4	0	7	0,3	0,4	4	4	0,3	0,0
150 g Gemüsemischung	5,7	0	82	0,2	0,1	30	92	1,2	0,0
20 g Joghurt entrahmt	0,0	0	0	0,0	0,0	3	0	0,0	0,0
2 g Kerbel	0,1	0	0	0,0	0,0	1	1	0,1	0,0
50 g Baguette-Brötchen	1,5	0	28	0,3	0,2	12	0	0,2	0,0
Pellkartoffeln mit Tofu-Aufstrich									
250 g Kartoffeln ungeschält	5,6	0	40	0,1	0,0	50	42	0,1	0,0
40 g Tofu frisch	0,2	0	20	1,0	0,3	44	0	0,2	0,0
20 g Joghurt entrahmt	0,0	0	0	0,0	0,0	3	0	0,0	0,0
30 g Gemüsemischung gegart	1,1	0	18	0,0	0,0	5	10	0,3	0,0
3 g Leinöl	0,0	0	0	2,0	0,5	0	0	0,2	0,0
1 Kanne Kräutertee mit Honig und Orangensaft									
30 g Honig	0,0	0	0	0,0	0,0	2	1	0,0	0,0
30 ml (30 g) Orangensaft	0,1	0	6	0,0	0,0	4	9	0,1	0,0
Gesamtsumme:	51,2	78	654	8,2	7,8	567	453	14,2	0,0

Eiweiß 74,51 g (16%) Fett 26,63 g (13%) Kohlenhydrate 334,66 g (71%)

Bst = Ballaststoffe gesamt, Chol = Cholesterin, Hsr = Harnsäure, MUFS = mehrf.unges.Fettsäuren
EUFS = einfach unges.Fettsäuren, Mg = Magnesium, C = Vitamin C, E = Vitamin E Aktiv.
ES = Eicosapentaensäure (C 20:5) N-3 Fettsäure

Weitere Vorschläge:

1. Pellkartoffeln mit Quarkaufstrich, Sojaaufstrich oder Gemüseaufstrich
2. Dampfkartoffeln mit verschiedene Gemüsen gedünstet
3. Gekochte Gemüsesalate mit Kartoffeln
4. Vollkornreis mit Gemüse-Ratatouille oder eingelegtem Gemüse
5. Hirse mit Gemüse oder Mais mit Gemüse
6. Gemüseeintöpfe, Gemüsesuppen, Gemüsebrühen mit Einlagen
7. Eifreie Nudeln mit Basilikumtomaten
8. Hartweizennudeln mit Gemüsesugo und Ziegen-Frischkäse
9. Kartoffelgnocchi mit Spinat und Schafs-Frischkäse
10. Gedämpfte Tomaten mit Hüttenkäse und Basilikum

Säuren- und Basenübersicht

Sauer	Basisch
• tierisches und pflanzliches Eiweiß	• Gemüse
• Milchprodukte	• Salate
• Zitrusfrüchte	• sonnengereiftes Obst
• raffinierter Zucker	• Milch
• Genußmittel	• Sahne
• Industriegetränke	• Frische Gewürzkräuter
• Industriekost	• Öle aus Erstpressung

Literaturverzeichnis

Mayr, Peter, Rauch, E., Die milde Ableitungsdiät, Karl F. Haug, Heidelberg, 14. Aufl., 1998.

Mayr, Peter, Leicht bekömmliche biologische Küche, Karl F. Haug, Heidelberg, 5., überarb. Aufl., 1994.

Mayr, Peter, Die schnelle Bioküche, Karl F. Haug, Heidelberg, 2., überarb. Auflage, 1998.

Mayr, Peter, Schmackhaft kochen für chronisch Kranke, Karl F. Haug, Heidelberg, 1997.

Mayr, Peter, Eichhorn, J., Gesunde Ernährung bei Rheuma, Karl F. Haug, Heidelberg, 1999.

Register der Rezepte

A

B

C

D

E

F

G

H

J

K

Bücher für Bechterew-Patienten

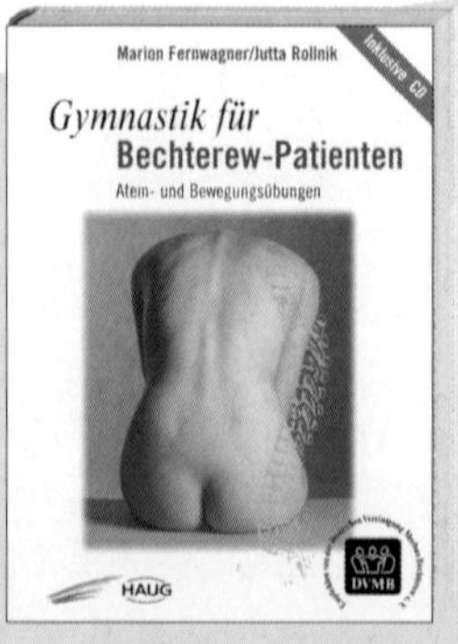

Marion Fernwagner / Jutta Rollnik

→ Gymnastik für Bechterew-Patienten

Atem- und Bewegungsübungen
Mit Audio-Compact-Disc (CD), 74 Min.
1997. 92 Seiten, 103 Abb., kart.
DM 39,80/öS 291,-/sFr 37,-
ISBN 3-8304-0818-8

Täglich üben läßt sich am besten zu Hause in gewohnter Umgebung. Das Buch und die Compact-Disc (CD) bieten ein von Krankengymnasten und Ärzten gemeinsam entwickeltes Übungsprogramm. Im Begleitbuch werden die Übungen in Wort und Bild ausführlich beschrieben.

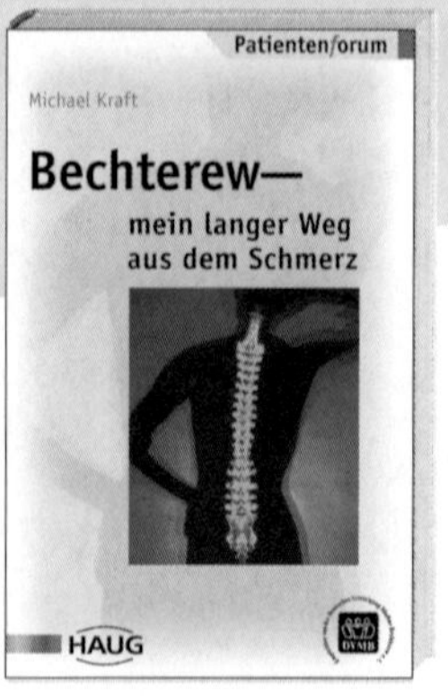

Michael Kraft

→ Bechterew – mein langer Weg aus dem Schmerz

1998, 127 S., kart.,
DM 24,80/öS 181,-/sFr 23,-
ISBN 3-8304-0848-X

Der Autor beschreibt seine Suche nach Heilung und Schmerzlinderung. Spannend erzählt er von den verschiedenen Therapien. Trotz aller Skepsis wagt er einen "letzten Versuch" und hat diesmal Erfolg. Der Autor will allen Bechterew-Patienten Mut machen und zeigen, daß man nicht aufgeben darf.

Karl F. Haug Verlag / MVH Medizinverlage GmbH & Co. KG
Fritz-Frey-Str. 21, D-69121 Heidelberg
Vertrieb: TRIAS Verlag, Postfach 30 11 07, 70451 Stuttgart

HAUG